항일변호사의
선봉

김병로

| 전병무 지음 |

최근 이른바 '사법농단'으로 사법부에 대한 비난 여론이 들끓고 있다. 판사들을 뒷조사하고 정권과 재판 거래를 했다는 의혹에 사법부 고위층 인사들이 관련됐다는 충격적인 내용이기 때문이다. 이로 인해 '특별재판부 설치', '법관 탄핵소추' 등 헌정사상 보기 드문 논란들이 벌어지고 있는 상황이다. 속절없이 무너져 내리는 사법부의 권위와 신뢰를 바라보며 올바른 법관상이란 무엇인지 다시 한번 생각하게 된다. 그 참담한 순간 반세기 전에 타계한 가인 김병로가 떠오르는 것은 어째서일까.

가인 김병로는 새롭게 출범한 대한민국 정부의 초대 대법원장으로서 사법부 독립과 권위를 수립하는 데에 결정적 공헌을 했다. 어떠한 외부 세력과 정권의 압력에도 굴복하지 않았고, 대통령의 헌법 파괴에 맞서 의연하고 당당한 기개를 보였다. 또한 양심과 정의에 따른 법관의 자세를 강조하고 공직자로서 법관윤리의 정립과 실천을 주장하여 청렴강직하고 지공무사한 법관상을 제시했다. 그뿐만 아니라 이를 몸소 실천하는 모범을 보였다. 4·19혁명과 5·16쿠데타의 격변기 와중에는 독재 및 군정의 종식, 문민정권의 수립을 위해 전력을 다했다. 오늘날 김병로가

'헌법 수호자', '법조성인'으로 현창되고 평가받고 있음은, 현재 대법원에 있는 그의 흉상이 웅변한다.

그러나 김병로가 해방 후 이룬 업적과 평가는 근본적으로 일제강점기의 활동과 경험을 배경으로 하고 있음에 주목해야 한다. 일제강점기 가인은 법학교수로서 경성전수학교·보성전문학교 등에서 다년간 강의했다. 잠시 조선총독부 판사로 나가 재판실무 경험을 하고 약 1년 만에 사직했다. 이후 김병로는 일제가 패망할 때까지 수많은 독립운동가를 무료변론하며 식민지 법정에서 '독립'을 설파했다. 민족과 민중이 살 길이 오직 '독립'에 달려 있다고 인식하는 좌우의 모든 인사들과 폭넓게 교류하며 항일변론에 분투했다. 법정투쟁으로 맺은 인간적 신뢰는 동지애로 진화하여 김병로를 사회운동·민족운동의 지도자 반열로 끌어올렸다. 법정을 나와 직접 민족운동에 투신하여 좌우합작으로 건설된 신간회의 중앙집행위원장을 맡아 최선을 다했다.

일제 말기에는 노골화한 친일 요구에 낙향과 은둔으로 맞서며 최후까지 변절하지 않고 지조를 지켰다. 이러한 항일변호사와 민족지도자로서의 역할과 경험이 해방 전부터 모든 면에서 최고의 법조인이라는 인식을 각인시켰던 것이다. 해방 후 친일청산과 신생 대한민국 정부의 사법부 건설이라는 시대적 과제가 요구되었다. 이를 수행하기 위하여 친일경력이 없고 법률가로서의 전문성과 경험을 가진 최적의 인물로 가인 김병로가 지목된 것은 역사적 필연이었다.

이 책은 가인 김병로를 전문적으로 연구한 학술서가 아니라, 대중을 위한 교양서이다. 때문에 기존의 연구를 섭렵하고 되도록 쉽게 쓰려고 노력하면서도, 항일변호사로서 김병로의 전후 삶을 부각시키려고 애썼다. 가인의 전 생애를 살펴볼 때, 일제강점기 김병로의 삶이 절대적인 영향을 미친 것으로 판단했기 때문이다. 다만 필자의 의도대로 만족할 만한 성과를 거두었는지는 의문이다.

이 책을 완성하는 데는 한인섭 선생의 『가인 김병로』, 김학준 선생의 『가인 김병로평전』, 김진배 선생의 『가인 김병로』 등의 저서에서 많은 도움을 받았다. 가인 김병로에 관한 기왕의 저서들은 하나하나가 기본 자료의 성격을 갖는다. 특히 기존의 연구 성과와 관련 자료를 집대성하여 방대한 분량으로 출판된 한인섭 선생의 저서는 이 책의 길잡이가 되었음을 밝힌다.

끝으로 강릉에서 공부할 수 있는 환경을 마련해준 이승일 교수와 동료들에게 감사드린다. 일상적 만남을 통해 이루어진 학문적 토론은 필자의 연구 활동에 자양분이 되었다. 더불어 책이 나오기까지 정성을 다해준 역사공간의 선우애림 님에게도 감사의 뜻을 전한다.

2018년 12월
강릉에서 전병무

항일변호사로서의
삶을 선택하다

일제강점기의 항일변호사란?

일제강점기 조선은 일제의 가혹한 식민통치로 형언할 수 없는 고통을 겪고 있었다. 이에 조선인은 조국의 해방과 독립을 위해 국내외에서 목숨을 건 항일민족운동을 치열하게 전개했다. 일제의 입장에서 보면, 항일민족운동은 일제의 지배에 대해 정면으로 도전하는 중대한 사건이자 반역행위였다. 따라서 일제는 수많은 독립투사와 애국지사들을 경찰과 군대를 동원하여 체포·구금·고문했고 재판소라는 사법기관을 이용하여 강력하게 처벌했다. 그리고 이때, 구금되어 재판을 받던 항일민족운동가들의 무료변론을 도맡아 항일민족운동을 지원하던 변호사들이 있었다.

항일민족운동가의 투쟁은 대개 지하나 해외에서 이루어졌으므로, 그 실상을 조선 민중에게 알릴 방법이 없었다. 그들이 불행히 체포되면 일

일제강점기 법복을 입은 변호사들 가장 앞줄에 있는 사람이 김병로다.

제 경찰과 사법당국은 외부와 접촉을 차단했다. 그들과 접촉할 수 있는 유일한 창구는 변호사뿐이었다. 무료변론을 자처한 변호사들은 옥중 접견을 통해 얻은 정보를 신문기자에게 알리고, 기자는 이를 기사화하여 전국에 알렸다. 공판일자가 가까워지면 피고인의 일거수일투족에 민중의 관심이 집중되도록 했다. 이런 가운데 법정이 열리면 이들은 법률투쟁의 장으로 만들어버렸다.

피고인들도 진술을 통해 국내외의 독립운동 실상을 알리려고 했다. 피고인들의 진술이 대개 제한되고 비공개로 처리되는 경우가 대부분이었지만, 변호사의 변론까지 제한하는 경우는 별로 없었다. 특히 고문이나 경찰권의 남용의 사례일 경우 공포와 불안감으로 극도로 위축된 피고인의 용기를 북돋우고 고문 사실을 폭로하는 데는 변호인의 역할이 컸다. 고문은 일상적 수사수단으로 애용되었지만, 법률적으로 고문 사실은 도저히 정당화될 수 없었기 때문이다.

항일변호사의 열렬한 변론과 특유한 논리는 피고인뿐 아니라, 방청객, 전 조선인에게 독립운동의 대의를 역설하는 장이 되었다. 기자들은 보도라는 형식을 통해 피고인과 변호인의 법정투쟁을 소개하면서, 독립운동의 사실과 대의를 널리 전파했다. 이렇게 항일변호사들이 항일민족운동가·기자 등과 연대하며 전개한 활동은 독립운동 사건의 파장을 증폭시켜 일제를 당혹스럽게 했던 것이다. 이러한 법정투쟁을 변호사들은 독립운동의 일환으로 인식했다. 1920년대 이후 신문지상에 늘 등장하던 이들을 당시 사람들은 뭐라고 부르고 어떻게 평가했을까? 1932년 잡지 『동광』에 실린 이들에 대한 평판을 통해 알아보자.

김병로 군

변호사 노릇을 하여가지고 번 돈을 사회운동에 얼마간이라도 쓴 이는 김병로 군일 것이다. 김군은 전수학교 교수로 부산지방법원 판사를 지내고 1922년 봄에 재야법조계의 일원이 되었다. 군은 성격이 호담하여 자기를 누가 비난하던지 군은 자기의 주장대로 나아가는 기질을 가졌다. 군은 금일까지 맡아본 사건이 약 500~600건에 달하는데, 그 7~8할은 사상사건이 점령하였다. … 크지도 않고 적지도 않은 키에 두 볼이 홀쭉 빠진 김군 — 그는 조선 좌경변호사로 첫 사람이 될 것이다.

이인 군

절늠뱅이 변호사 — 이군은 변호사로도 특징을 가진 인물이거니와 육체적으로도 다리 저는 특징을 가져 변호사계의 독특한 존재를 가졌다. 이군은 대정 11년 10월에 동경서 변호사 시험에 합격하고 동경 적판구에서 개업을 하였다가 경성으로 옮겨 온 사람이다. 이군이 오늘까지 맡아본 사건은 600여 건인데 8할은 사상사건이다. 공산당사건의 피고로 이군의 얼굴을 법정에서 보지 않은 사람이 드물 것이다. 소장변호사로 또는 좌경변호사로 사회운동이 죄가 아니 된다고 열렬히 주장한 이는 이군일 것이다. 재작년 12월 6일 이군은 8개월 정직을 받았다. 수원고농학생사건 변호 시에 XX(독립 – 필자 주)사상은 XXX(조선인 – 필자 주)이 전부 가지고 있는 사상이니 이에 관한 글을 써서 일반에게 보였다고 할지라도 치안을 어지럽게 하지 않았다고 주장한 일이었다. … 무슨 일이든지 남아답게 처하는 그 태도 — 절름절름하는 그 모양과 함께 우리는 잊을 수 없다.

이창휘 군

조선의 사상변호사로 일존재를 굳게 점령하고 있는 이로는 이창휘 군을 망각할 수 없다. 몸이 뚱뚱하고 눈이 둥그렇고 커다란 목소리로 법정에서 검사와 불이 날듯이 논전을 바꾸는 이는 이창휘 군이다. 군이 대정 14년도에 동경서 변호사 시험에 「파쓰」를 하고 개업한 이래 전후 담당한 사건은 약 800건가량인데 이것의 6할은 사상사건이다. … 이러니 저러니 하여도 이군은 조선변호사계에서 특색을 이루고 있는 변호사의 한 사람이다.

이 글에서는 김병로金炳魯, 이인李仁(1896~1979), 이창휘李昌輝(1897~1934) 변호사의 신체적 특징을 묘사하는 한편 이들이 맡아본 전체 사건 중 사상사건이 6~8할이 된다고 기록한다. 본래 '사상'이라는 단어는 1925년 시점부터 사회주의 색채가 가미된 각종 운동, 특히 공산당 관련 사건에서 널리 쓰이던 것으로 이해된다. 하지만 넓게 보면, 일제는 민족주의나 사회주의 이념에 기반한 독립운동을 모두 중대한 '사상사건'으로 판단했다. 이인은 수원고농학생 사건 변호 시에 독립사상은 조선인이 전부 가지고 있는 사상이라고 했다. 즉 조선인이라면 누구든지 품었던 '민족독립'이라는 당연한 신념도 '사상사건'이 되었던 세상이 일제강점기라는 시절이었다.

여기서 주목되는 점은 변호사들을 가리키는 단어들이다. 첫째가 '사상변호사'이다. 이창휘에 대해 "조선의 사상변호사로 일존재를 굳게 점령하고 있는 이"라고 했다. 둘째, 그와 비슷한 지칭이지만 '좌경변호사'이다. 김병로는 "조선 좌경변호사로 첫 사람이 될 것"이라고 하고, 이인은 "좌경변호사로 사회운동이 죄가 아니 된다고 열렬히 주장한 이"라고 소개했다. 그리고 이들의 변호 활동은 당시 신문지상에 자주 소개되었는데, 이때 등장한 표현이 '무료변호' 혹은 '자진변호'이다. 따라서 당시 사람들은 이들을 '사상변호사'·'좌경변호사'·'무료변호사' 등으로 불렀다. 이들이 이렇게 불렸던 이유는 '사상사건' 의뢰인, 즉 독립운동가의 재판에 자진하여 무료변론을 했기 때문이다. 이들은 변호사로서의 사회적 지위와 경제적 풍요가 보장되었지만, 자신의 영달과 안위에 안주하지 않았다. 이들에게 늘 일제의 감시가 따라다녔을 것인데도, '사상사건'

의 법정에서 검사와의 논전을 마다하지 않고 항일민족운동을 지원했다.

특히 세상 사람들은 이 변호사들 가운데 김병로를 비롯한 허헌許憲(1885~1951), 이인을 일컬어 '삼인 변호사'로 애칭하며 존경했다. '삼인 변호사'로 지칭한 까닭은 가인街人 김병로, 긍인兢人 허헌, 그리고 이인李仁의 호와 본명에 모두 '인'자가 들어 있기 때문이었다. '삼인 변호사'는 사건 의뢰인이 좌파든 우파든 그들의 주장에 공감하며 법정투쟁을 준비했다. 이들은 사회주의자들과 교류하면서도 결코 사회주의사상에 깊이 경도되지도 않았다. 당시 회자되던 '경부선의 비유'로 설명하자면, "경부선 기차를 타고 가는데, 우리('삼인 변호사')는 대구 가는 승객이고 사회주의자는 부산까지 가겠다는 승객으로, 기차를 함께 탔으니 그들과 동행하는 것은 분명한데 목적지는 같지 않다"는 것이다.

'삼인 변호사'는 민족독립을 공동의 목표로 삼고, 사회주의자들을 공동전선의 동지로 이해하는 특유의 개방적이고 유연한

허헌

이인

김병로

자세를 보여주었다. 현재 우리나라의 변호사법 제1조에는 변호사의 사명을 "변호사는 기본적 인권을 옹호하고 사회정의를 실현함을 사명으로 한다"고 규정하고 있다. 이들의 활동은 지금의 기준에서 보아도 전혀 손색이 없을 뿐만 아니라, 요즘의 인권변호사보다 더 차원이 높았다.

'삼인 변호사'를 포함한 이 변호사들은 일제에게는 눈엣가시와 같은 존재였다. 그래서 기회가 있을 때마다 이들의 활동을 봉쇄하려고 했다. 일제는 변호사 징계제도를 통하여 "변호사의 품위 및 신용을 유지해야 한다"는 명목과 독립운동에 관여했다는 명분 등으로 이들의 손발을 묶어버렸다. 결국 이인과 김병로는 변론 내용이 불온하다는 이유 등으로 한때 정직당했고, 이인은 끝내 조선어학회 사건으로 감옥에 갇혔다. 허헌은 민중대회사건으로 구속되어 변호사자격을 박탈당했다. 이창휘는 과로와 신병으로 급서했는데 일제의 손에 암살되었다는 소문이 돌기도 했다.

그러나 일제강점기 모든 변호사들이 이러한 모습을 보여준 것은 결코 아니다. 대부분의 변호사들은 자신의 사회적 처지에 만족하지 않고 출세 욕망에 따라 치열한 시험 경쟁에 뛰어들었다. 어떤 이는 교사로, 어떤 이는 재판소나 군청 서기로, 일반 민중보다는 상대적으로 높은 지위에 있으면서도 출세를 위해 시험 대열에 참여했다. 당시 변호사는 소수였고, 조선인 변호사 숫자는 더욱 적었기 때문에, 사회적 대우와 직위가 특별했기 때문이다.

변호사 시험에 합격만 하면 바로 '영감'이라는 소리를 들었고, 이름 있는 집안에서 '혼담'이 들어왔으며, 지방에서는 마을잔치가 벌어지기도

일제강점기 판사 · 검사 · 변호사 인원

(단위: 명)

연도	전체 인구	판사	검사	변호사
1910	13,313,017	254(71)	60(6)	81(51)
1911	14,055,809	249(62)	60(4)	96(59)
1912	14,827,101	199(38)	57(3)	123(73)
1913	15,458,863	190(25)	58(5)	151(91)
1917	16,968,997	194(34)	62(9)	168(94)
1918	17,057,032	195(35)	69(10)	169(95)
1919	17,149,909	186(34)	70(10)	187(97)
1920	17,288,989	191(40)	71(11)	202(105)
1921	17,452,918	193(37)	76(10)	203(102)
1923	17,884,963	203(37)	83(10)	270(149)
1924	18,068,116	183(33)	75(9)	289(154)
1925	19,015,526	183(33)	75(9)	309(166)
1926	19,103,900	183(33)	77(9)	325(175)
1927	19,137,698	186(31)	82(9)	340(187)
1928	19,189,699	186(33)	87(9)	340(189)
1929	19,331,061	190(33)	87(9)	350(196)
1930	20,256,563	196(38)	86(7)	363(209)
1931	20,262,958	198(39)	87(7)	366(210)
1932	20,599,876	192(40)	85(7)	371(208)
1933	20,791,321	190(40)	84(7)	372(207)
1934	21,125,827	193(41)	86(7)	378(209)
1935	21,891,180	192(38)	88(7)	389(217)
1936	22,047,836	204(39)	93(7)	351(206)
1937	22,355,485	224(45)	107(11)	345(200)
1940	23,709,057	232	127	354(201)

* ( )는 조선인 수
* 출처: 『조선총독부통계연보』(각년판)

했다. 변호사가 된 후로는 강고한 동료의식과 엘리트의식을 바탕으로 '법률전문가' 역할을 하며, 명망가로서의 사회적 지위와 안정적 경제생활을 영위했다. 이들은 사안에 따라 일제에 타협하기도 하고 때로는 맞서기도 했으나, 일제강점기 말기에 이르면 점차 일제의 사법체제에 안주하여 보신주의로 흐르거나 친일하는 경향을 보였다.

그럼에도 일부 변호사들은 인권옹호와 정의실현의 길은 조선 독립에 있다고 보고, 항일민족운동가의 무료변론을 도맡아 식민지 법정에서 조선 독립을 변호하며 법정투쟁을 전개하여 항일독립운동사에 기여했다. 자신의 안위와 안정적인 생활은 접어둔 채 스스로 일제의 감시와 탄압 대상이 되는 것을 두려워하지 않았으며 끝까지 변절하지도 않았다. 이러한 일군의 변호사들을 '항일변호사'라고 부를 수 있겠다.

항일 법정 투쟁의 한계

그런데 아직 남아 있는 문제가 있다. 식민지 조선은 일본제국의 법률 아래 통제되던 사회였는데, 과연 일본법으로 독립운동가를 변호한다는 것이 가능한가? 예컨대 선비의 절개와 지조로 혁신유림계를 이끌던 심산心山 김창숙金昌淑(1879~1962)은 변호사의 도움을 단연코 거부하며 다음과 같이 선언했다.

내가 변호를 거절하는 것은 엄중한 대의이다. 나는 대한 사람으로 일본 법률을 부인하는 사람이다. 일본 법률을 부인하면서 만약 일본법률론자에게 변호를 위탁한다면 얼마나 대의에 모순되는 일인가? … 나는 포로다. 포로로서 구차하게 살려고 하는 것은 치욕이다. 내 지조를 바꾸어 남에게 변호를 위탁하여 살기를 구하고 싶지 않다.

김창숙은 일본인 재판장이 본적이 어디냐고 물으면 "없다"고 대답하고, 왜 없냐고 물으면 "나라가 없는데 본적이 어디 있느냐?"고 되묻는 등 재판 자체를 부정했던 것이다. 또한 1927년 참의부 소속으로 국내에 잠입하여 의열투쟁을 전개하다가 체포된 이수흥李壽興(1905~1925)은 1심에서 사형선고를 받았다. 그는 독립군의 일원으로 일제와 전쟁을 치르다 포로가 된 후 시종 당당한 자세로 재판에 임했다. 재판장이 항소 여부를 묻자 "포로가 된 것만도 수치이거늘 하물며 어찌 목숨을 구걸하란 말인가"라고 일갈하며 항소를 거부했다. 그는 변호사의 자진변론도 거부했다. 이처럼 이들의 드높은 기백과 절개는 우리에게 끝없는 감동을 준다.

김창숙의 "일본법률론자가 일본법률에 따라 독립운동가를 변호할 수 있는가?"라는 질문은 의미심장하다. 전체 조선인 변호사들은 '일본법률'을 공부하고 시험에 합격하여 일제에게서 변호사자격을 부여받은 존재이다. 조선총독부 법정에서 일본어를 쓰고 일본법의 조문을 인용하면서 변론하지 않으면 안 되었다. 따라서 '일본법률론자'인 변호사의 지위와 역할에 대한 민중과 독립운동가들의 시선은 각자 처한 상황에 따라 다를 수밖에 없었다.

특히 '항일변호사' 역시 '일본법률론자'로 아무리 항일의 취지를 갖고

김창숙

변론을 하더라도, 재판 자체를 부정하는 김창숙에게는 대의에 모순되는 것이었다. 그렇다면 김창숙의 근본적 의문에 '항일변호사'들은 어떻게 답했는가? '항일변호사'들은 변호사로서 보장된 안정된 삶을 거부하고 독립운동가들의 무료변론을 도맡아 최선의 법정투쟁을 전개하다가, 변호사 자격을 정직 혹은 박탈당하거나 심지어 자신이 구속되는 것으로 답했다.

이처럼 독립운동가의 입장에 따라 항일변호사조차도 대하는 자세가 한결같지 않았다. 그럼에도 수많은 독립투사와 애국지사들은 항일변호사의 도움이 필요했다. 어떤 때는 본인보다 가족이 변호사의 도움을 간절히 원하는 경우가 훨씬 많았다. 가족으로서는 변호사를 통하지 않고 제대로 소식을 듣기도 어렵고, 법적 변론을 통해 형량을 낮추거나 석방되기를 바랐기 때문이다.

일단 일제 경찰에 체포되면, 혹독한 수사를 거쳐 재판을 받을 수밖에 없다. 그 일련의 과정은 일제의 법령 및 일제의 재판소, 일제의 형사절차에 따라 이루어진다. 이러한 법적 환경 아래에서는 변호사의 지원이 필수적이다. 일제도 근대적 법적 외양을 갖고 지배하고자 했으므로, 변호인의 주장이 일본법에 따라 정당화될 때는 일부 양보하지 않을 수 없었다. 독립운동의 대의를 지키되 재판을 통해 불이익한 재판을 방지하거나 시정하고, 양형상의 다툼을 하기 위해 변호사를 활용하는 유형은 얼마든지 있을 수 있다. 변호인 활용 및 상소권 활용이 그들의 독립운동의 대의를 훼손하는 것은 전혀 아니다.

김병로 인물평
(『혜성』 제2권 제1호, 1932년 1월)

독립을 열망한 거리의 사람

"조선 좌경변호사로 첫 사람"인 김병로는 일제강점기의 현실을 어떻게 인식하고 어떠한 자세로 살아왔을까. 그 단서를 그의 자호自號인 가인街人에서 찾을 수 있을 것 같다. 가인이란 거리의 사람이라는 뜻인데, 달리 말해 집 없는 사람이고, 속되게 말해 거지라는 뜻이다. 왜 그런 호를 택했을까? 그 호를 쓴 지 몇 십년이 지난 1957년 『동아일보』에 쓴 「가인의 변」을 통해 별호의 내력을 밝히고 있다.

이에 따르면, "글을 읽고 공부할 무렵에 별호를 소석小石이라 했다. 옛 글에 남자란 담은 크되 마음은 작게 하여 몸을 귀히 하라는 데에서였다. 더구나 나 자신 체구도 크지 못한 데서 소심, 신소하되 적어도 돌과 같이 강해야만 하리라는 생각에서 돌 서石자를 택하여 소석이라 한 것"이다. 그런데 나라는 망해 절망적이고, 개인적으로도 쪼들리는 상태에서, "이미 잃어버린 땅과 좀먹어가고 있는 경제를 회복시켜 나라를 찾고 독

「수상단편」,(『경향신문』 1959년)

립을 얻기 전에는 어느 한 곳 거처할 곳이 없이 거리를 방황하는 거지와 같은 사람이 된 셈”이라고 생각했던 것이다. 그래서 “나는 독립을 희구하는 마음과, 현실을 개탄하는 뜻에서 가인이라고 별호를 고쳐버렸다”고 했다. 즉 김병로의 호 속에는 절망적인 현실을 개탄하면서도 독립의 희망을 놓지 않으려는 의지가 담겼던 것이다. 그렇다면 김병로는 왜 변호사가 되고자 했는가. 그에 대해 1959년 『경향신문』에 「수상단편」이라는 제목으로 연재한 회고의 글에서 다음과 같이 술회한 바 있다.

원래, 내가 변호사 자격을 얻기에 유의하였다는 것은 생활 직업에 치중한 것도 아니요, 재산을 축적한다는 생각은 추호도 없었으며, 다만 일정의 박해를 받아 비참한 질곡에 신음하는 동포를 위하여 도움이 될 수 있는 행동을 하려 함에 있었다. 변호사라는 직무가 그다지 큰 것도 아니지만, 그 당시의 현실에 있어서 첫째, 가장 우리에게 잔혹하던 경찰도 변호사라면 용이하게 폭행이나 구금을 하기 어려웠다는 것, 둘째로 그 수입으로써 사회운동의 자금에 충당할 수 있는 것, 셋째로 공개법정을 통하여 정치투쟁을 전개할 수 있는 것 등이 약자인 우리에게는 한 무기가 될 수 있다는 것이었다. 뿐만 아니라, 나는 생각하기를 변호사라는 직무가 자기의 생활 직업으로만 하지 아니한다면 인권옹호와 사회정의에 실로 위대한 사업이 될 수 있다고 믿었던 것이다. 그리하여, 나는 곧 동지를 규합하여 집단활동을 추진한 바도 있고, 비밀계획을 시도한 바도 있어 미력이나마 해방 직전까지 30년이란 기간을 끊임없이 시련한 바 있었다.

그는 왜 변호사가 되었는지에 대한 입장을 분명히 했다. 우선 변호사를 생활 직업으로 삼은 것이 아니고, 특히 재산을 축적할 뜻이 전혀 없었음을 못 박았다. 이어 일제의 박해에 신음하는 억울한 동포를 구해내자는 것이 변호사가 된 근본 동기이고 대의였다고 밝혔다. 이 입장은 비록 해방 후의 회고이지만, 항일변호사로 살아가겠다는 초심의 진정성을 엿볼 수 있다. 일제강점기 변호사는 다음의 3가지 장점이 있었기 때문에, 약자인 조선 동포들에게 하나의 무기로 활용될 수 있다고 했다. 그러면 변호사 김병로가 이 장점을 어떻게 활용해서 '위대한 사업'을 전개했는지 살펴보자.

첫째, 변호사의 상대적 특권적 지위를 지적했다. 잔혹했던 일제 경찰도 함부로 대할 수 없을 정도로 변호사는 지위가 특별했다. 당시 변호사는 수가 매우 적었고, 적어도 공인된 특권의 지위를 향유했던 직업이다. 그러나 김병로는 그 특권의 지위를 개인적 영달이 아니라, 사건의 피고인, 나아가 약자인 조선 민중을 위해 활용했다. 예컨대 1929년 갑산甲山 화전민火田民 사건에 대한 변시기사이다. 일제는 1920년대 후반 허가정리사업을 추진하면서 화전민들을 화전지대에서 축출하는 시책을 주로 폈다.

1927년 조선공산당 사건 시 변호인 김병로
(『조선일보』 1927년 10월 18일자)
앞줄 우측에서 첫 번째가 김병로다.

이때 갑산의 삼림을 책임지고 있던 혜산영림서惠林署는 대표적 화전지대인 갑산군 보혜면 대평리의 평평물마을의 주민들을 모두 소개시키려 했다. 대상 주민들은 모두 1,000여 명에 달했다. 이들이 애원하고 반항하며 저항하자 영림서 직원들은 경찰을 대동해 화전민가 몇십 호를 불태워버리고 강제로 축출하는 만행을 저질렀다. 김병로는 이 사건을 조사하기 위해 기자들을 대동하고 현장에 직접 내려갔다.

주민들을 상대로 실지조사를 하는 한편, 경찰서·영림서 관계자들을 면담하고 추궁하는 등 활동을 펼친 후 진상보고서를 작성했다. 이어 조선총독부 경무국장을 만나 이를 제시하며 경찰의 만행을 논박하고 피해를 당한 화전민의 구호대책을 요구했다. 이처럼 변호사라는 지위는 일제 경찰이나 영림서로도 무시할 수 없는 권위가 있었으며, 나아가 조선총독부 당국에까지 항의할 수 있는 무기였던 것이다.

둘째, 변호사로서 일정한 수입이 있었다. 그 수입은 아마도 민사사건을 맡아 처리하고 받은 보수일 것이다. 변호사가 극히 드문 일제하에서 변호사의 법적 조력은 의뢰인에게 유리한 결과를 얻는 데 도움이 되었고, 수입도 얻을 수 있었다. 그러나 그는 그 수입을 개인적 치부를 위해 축적하지 않았다. 형사사건, 특히 항일운동에 관여한 전국의 피고를 접견하고 위로하기 위해 출장비 및 사식 차입비 등으로 썼으며, 이들을 위해 무료변론을 자처하기까지 했다. 또한 피고의 가족이나 출옥 인사들의 정착을 위해 많은 돈을 썼다. 예컨대 1931년 1월 신간회新幹會 간부로 활동하다가 신간회 대전지회大田支會 사건으로 서울에서 체

1930년대 김병로(『동아일보』 1932년 1월 1일자)

포되어 대전형무소에 구금된 김항규金恒奎(1881~1948)를 면회하기도 했는데, 다음은 당시 두 사람의 대화다.

김병로: 몸을 무사하였소?

김항규: 네. 무사하였소.

김병로: 사식私食을 시켰으니 오늘부터 드시오.

김항규: 고맙소.

김병로: 재판 때에 변호는 내가 하겠소.

김항규: 고맙소.

김병로: 서울에 있는 집안사람과 사회 여러분노 나 살 있소.

김항규: 안심하였소.

김항규는 1930년 11월경에 체포되어 서울의 가족과 떨어져 멀리 대전형무소에서 예심재판을 기다리고 있었다. 그가 한겨울 매서운 추위에 떨며 외로운 독방에서 고독과 싸울 때, 멀리 서울에서 김병로가 찾아왔다. 5분간의 짧은 면회였지만, 김병로는 그의 건강을 묻고, 서울의 집안 소식 등을 전하며 위로했다. 물론 무료변론도 약속했다.

그리고 김병로는 각종 사회운동을 위해서 아낌없이 돈을 썼다. 특히 허헌과 함께 신간회 활동에 적극적으로 참여했는데, 이 단체의 활동 비용은 모두 김병로와 허헌이 부담했다. 이와 관련하여 재미있는 일화가 있다. 당시 독립운동 하는 분이나 신간회 관련자들이 김병로의 변호사 사무실에 수시로 왕래하다 보면 식사를 하게 되는데, 사무실 근처 설렁탕집에 외상을 달아놓기 일쑤였다고 한다. 나중에 이를 정리하는 데 엄청난 비용이 들었으며, 신간회 활동을 하면서 당시 돈으로 6,000원이라는 큰돈을 썼다고 한다.

셋째, 변호사는 공개법정을 통하여 정치투쟁을 할 수 있었다. 이 점은 김병로가 변호사가 된 가장 중요한 이유 중 하나이다. "공개법정을 통한 정치투쟁"이라고 인식한 자체가 매우 의미 있는 자세이다. 변호사로서 김병로는 법률투쟁을 정치투쟁으로 전환해 자신만의 항일투쟁을 전개하고자 했던 것이다. 즉 공개법정을 통한 정치투쟁은 피고인, 즉 독립운동가를 위한 것이기도 했지만, 김병로 자신 역시 항일 독립투쟁의 일환으로 보았다.

법정은 종종 독립운동의 사건을 처음으로 대중에게 알리고, 그 대의를 옹호하는 합법적 공간이었다. 그래서 김병로는 독립운동가와 함께 재판의 공개를 항상 주장했다. 이들의 주장과 달리 비공개 밀실재판으로 수많은 독립운동의 실체가 차단되었지만, 김병로는 변론투쟁을 통해 사건의 내용과 의미를 일제와 다른 방식으로 규정하고 대중에게 널리알리고자 노력했다. 즉 조선 독립의 당위성을 교묘한 법적 논리로 포장하면서 정치투쟁을 해왔다. 법정에서 김병로의 열렬한 변론과 거침없는 논리는 방청객은 물론 전 조선인에게 큰 감동을 주었다.

김병로 흉상(현 대법원 소재)

한편 김병로는 "동지를 규합하여 집단 활동을 추진한 바"가 있는데, 그 한 예가 바로 형사변호공동연구회이다. 김병로는 1923년 허헌 등 당시 명망 있는 변호사들과 함께 서울 종로 인사동 75번지에 형사변호공동연구회를 조직했다. 그 취지는 형사사건의 경우 '한 사람에 대한 보수로 5명이 공동연구하여 변호한다'는 것으로 항일변호사의 공동전선을 도모했다. 항일운동이나 사회운동을 지원한다는 명목을 내걸 수 없었던 상황에서 사상사건 등이 모두 형사사건에 속했기 때문에 표면적으로는 형사변호공동연구회라고 했다.

실제로는 무료 변론의 법정투쟁을 통해 조선인 항일민족운동의 무죄를 수성하고 형무소에 구금된 동지들에게 서식을 넣어주고 유족을 돌봐주는 등 실질적으로 독립운동 후원단체 같은 역할을 했다. 김병로는 이 단체를 항일변호사의 구심점으로 삼고자 했다. 형사변호공동연구회의 창립과 활동은 항일변론을 조직화하고 장기적인 활동이 가능한 인적 유대와 물적 기반을 만들었다는 점에서 그 의의는 자못 크다.

그의 회고를 다시 보면, 그가 변호사의 길을 걷게 된 이유를 알 수 있다. 첫째 일제의 박해에 신음하는 억울한 동포를 구할 수 있다는 것, 둘째 인권옹호와 사회정의에 기여할 수 있다는 점, 셋째 민족의식을 고취할 수 있다는 점 등이다. 이러한 초심을 잃지 않고, 일제강점기 내내 항일변론과 인권옹호, 사회정의를 위한 옹호자로서의 삶으로 일관했다. 김병로는 그러한 자세로 사회적 지위와 경제적 풍요가 보장된 삶을 위해서가 아니라, 민족과 동포를 위해 헌신하고자 항일변호사의 길을 선택했음을 명백히 입증했다.

국권 상실의 시대,
질풍노도의 청년 시절을 보내다

양반 가문에서 태어난 불우한 소년

김병로는 1888년 1월 27일(음력 1887년 12월 15일)에 전라북도 순창군 복흥면 하리 중리마을에서 태어났다. 부친 김상희金相熙(1865~1894)와 모친 장흥고씨長興高氏의 1남 2녀 중 둘째다. 본관은 울산蔚山이고 호는 가인街人이며, 조선 전기 문신이자 유학자인 하서河西 김인후金麟厚(1510~1560)의 16대손이다. 김병로의 증조부는 김건중金建中이고 조부는 김학수金學洙이다.

부친 김상희는 과거에 급제하여 사간원 간관을 지냈다고 한다. 이로부터 강직한 성품을 지녔으리라 생각된다. 어머니 장흥고씨는 임진왜란 때 두 아들과 함께 나라에 목숨을 바친 고경명高敬命(1533~1592)의 후예인 고제찬高濟瓚의 딸이며, 남편보다 한살 위이다. 슬하에 삼남매를 두었

복원된 김병로 생가(전북 순창)

는데, 김병로는 둘째인 외아들로 태어났다.

전북 순창은 당시에 산간벽지였는데, 집안은 가난하지는 않았지만 그
렇다고 부유한 편도 아니었다. 김병로의 부친 역시 외아들이었기 때문
에 삼사촌도 없는 외로운 환경이었다. 게다가 부친은 관직 생활을 하느
라 서울에 주로 거주했기 때문에 그는 어머니와 조부모의 보살핌 속에
서 성장했다. 어린 시절 김병로의 교양을 담당했던 분은 오로지 조부
였다.

김병로가 8살이 되던 1894년에 전국적인 동학농민군의 봉기가 일
어나면서, 순창군의 바로 이웃인 고부군에서 고부민란과 대규모 농
민전쟁이 전개되었다. 정읍은 동학농민군의 최고 지도자였던 전봉

준(1855~1895)과 김개남(1853~1895)의 주 활동무대였으며, 손화중(1861~1895), 최경선(1859~1895) 등의 출생지이자 동학농민군이 가장 활발히 움직였던 곳 중 하나였다. 후일 전봉준은 태인 전투에서 패한 뒤, 옛 부하인 김경천이 살고 있던 순창군 쌍치면 금성리 피노리로 피신했다. 그러나 김경천의 밀고로 이곳에서 체포되었고, 서울로 압송되어 결국 사형당했다. 순창 등지에서 전개된 동학농민군의 활동은 어린 김병로의 인격 형성에 상당한 영향을 미쳤을 것이다.

그해는 어린 김병로에게 또 다른 슬픔이 있었다. 1894년 4월에 정신적인 지주였던 조부가 별세하고 만다. 부음을 접한 김병로의 부친은 사간원 간관을 사직하고 곧바로 귀가하여 초상을 치렀다. 그리고 이 무렵, 동학농민전쟁이 발발해 온 가족이 피난을 떠나게 되었다. 당시 김병로는 초등학습도 진행하지 못한 상태였다. 그런데 얼마가지 못해 1895년 10월 불행하게도 부친마저 타계하여 집안이 비운에 잠겼다. 두 어른이 잇달아 돌아가시자 집안의 남자라고는 어린 김병로뿐이었다. 이처럼 그는 소년시절부터 가장으로서의 책임을 질 수밖에 없었다. 10살 되던 해인 1896년에 김병로의 조모가 그를 위하여 서당을 개설하고 선생을 초빙하여 초등학업에 전념하도록 배려했다. 이때의 공부 과정에 대해 김병로는 다음과 같이 회고했다.

나는 본시 재질이 듀탁하여 일과에도 다른 학도보다 2~3배의 시간을 공부하지 아니하면, 그것을 암송하기 어려운 까닭에 어린 나로서는 참으로 고통을 느껴, 심지어는 다른 학도의 침식 시간을 이용하여 나의 공부 시간으로 활용하기에 고심하였던 것이다. 그 결과인지 모르나, 내가 열 살되던 해부터는 중국역사(사략·통감 등 – 필자 주)를 시독하였는데, 암송과 이해력이 조금 진취됨에 따라 나의 고통도 감소되었으며, 무슨 서책이든지 독서에 취미를 느끼게 되어, 밤공부에도 계명 전에는 취침한 일이 별로 없었고, 휴식시간에도 항상 글을 암기하기에 노력하였다. 그다음 해부터는 소학을 강독하여 수신 절차의 기본을 닦았고, 이어서 사서四書(논어·맹자·대학·중용 – 필자 주)를 읽게 되었는데 …

김병로는 주어진 교육을 열심히 받았고 또 학구열이 남달랐던 것으로 보인다. 이 시절에 배운 것은 『자치통감』·『소학』·『사서』 등으로 유학의 기본서였다. 그는 어린 나이인데도 고통을 느끼면서까지 공부에 매진했다. 어릴 때 공부할 여건이 제대로 되지 못했기에 남보다 늦게 공부를 시작했지만, 새벽까지 공부에 몰입했다. 이렇게 집중하고 암기하고 이해력을 늘려가면서 무슨 서책이든지 가리지 않고 폭넓게 독서했고, 독서에 취미를 붙일 정도로 발전했다.

그러나 소년 가장으로 그는 독서에만 전념할 수 없었다. 파종이나 모내기철에는 인부를 감시해야 하고 퇴비의 조성 또는 추수 및 시초 시에는 그 수량을 조정하고 인부를 감독해야 했기 때문이다. 또한 모친이 건강하지 못하고 병석에 누워있을 때가 많아서, 김병로는 조모나 누이와 함께 집안일을 건사해야 하는 등 학업에만 집중할 수 있는 처지가 아니었다. 자작농민이 아니라 인부를 감시·감독한다는 것으로 봐서는 어느 정도는 경제적 기반을 갖고 있었음을 알 수 있다. 성실한 자세로 학업과 집안일에 힘쓰는 소년 가장이 김병로의 10대 전반의 모습이었다고 할 수 있다.

김병로는 13살(1899년)에 혼인했다. 당시 풍습에 조혼이 강하게 남아 있었고 다른 한편으로는 가정 형편상 집안에서 결혼을 서둘렀던 것이다. 신부는 김병로보다 4살 연상의 연일정씨延日鄭氏로, 송강 정철의 후예인 정교원鄭敎源의 딸이다. 그러나 결혼의 기쁨도 얼마 가지 못하여 조모가 1900년 봄에 갑자기 세상을 떠났다. 소년 김병로는 승중상인承重喪人으로 모든 예제를 다해야 했다. 이제 집안에는 어머니와 갓 결혼한 부인뿐이었다. 이같이 불우한 가정환경 속에 15살(1901년) 때부터 김병로는 가사 전반을 처리하게 되었다.

김병로의 회고에 따르면, "가정 형편으로 부득이 봄과 가을에는 농사 관계에 많은 시간을 소비하였고, 여름과 겨울에는 공부하기 적당한 곳을 찾아 학업의 진취에 전력을 다하였다"고 한다. 농한기에는 조용한 사찰에 들어가서 2~3명의 사우師友와 함께 강독과 담론으로 학습했다. 이때부터 유학의 수신서인『소학』을 여러 차례 읽었고 사서를 면학의 중심으로 삼았다. 사서 중에서도『중용』과『대학』을 공부하는 데 많은 노력을 했으며 성리학의 구명에 힘을 쏟았다.

간재 전우에게 사사

김병로는 시서詩書와『예기禮記』를 강독했으나 자신의 수준에서는 그 뜻을 이해하기가 쉽지 않았다. 높은 수준의 성리학 경전을 독학으로 깨

간재 초상화

친다는 것은 지난한 일이다. 이에 1902년(16세)경에 당시 성리학의 최고 봉으로 이름을 널리 알렸던 간재艮齋 전우田愚(1841~1922) 선생을 찾아뵙고 성리학 공부에 몰두했다. 전우는 1880년대부터 꾸준히 강학활동을 통해서 문인들을 배출했다. 전라도를 중심으로 강학하던 시기는 1901~1908년이며 주로 전주·정읍·부안·고창·순창·장성 등에서 강학활동을 활발히 전개했다. 전우는 을사조약이 강체로 체결되자 소疏를 올려 을사조약에 서명한 대신들을 죽여야 한다고 주장했다. 또한 1910년 한일강제합병 이후에는 제자들과 상의하여 "마침내 도道가 행해지지 않으면 뗏목을 타고 바다로 들어간다"는 공자의 뜻을 취해 해도로 들어갔다. 지금의 부안·군산 등의 앞바다에 있는 작은 섬을 옮겨 다니면서 강학했고, 나라는 망하더라도 도학을 일으켜 국권을 회복하고자 했다. 말년에 계화도에 정착하여 섬 이름을 중화를 잇는다는 의미인 계화도繼華島라 고쳐 부르면서 죽을 때까지 수많은 제자를 양성했으며 60여 권에 이르는 저서를 남겼다.

간재는 순창의 훈몽재訓蒙齋, 울산김씨 재실 율수재聿修齋, 구암사龜巖寺 등 3곳에서 모두 네 차례 강학을 했다. 특히 하서 김인후가 강학했던 쌍치면 둔전리 훈몽재에서는 1904년 8월과 1905년 9월 두 차례 강회를 열었다. 강회가 열릴 때마다 전국에서 수많은 유학자들이 몰려왔다. 김병로는 전우 밑에서 홍희洪熹(1884~1935), 김택술金澤述(1884~1954), 이조원李祖遠 등과 함께 공부했다. 이때 간재에게 성리性理에 관한 구전심수口傳心授를 받았고, 특히 이기理氣의 논변을 요해한 것이 적지 않았다고 한다.

그러다가 1904년 8월 말에 김병로는 간재 선생의 문하를 떠났다. 대략 3년간의 성리학 공부를 마친 셈이다. 그 결심은 당시 시대적 변화와 밀접한 관련이 있는 것으로 보인다. 그는 "그전부터 서울에 다년 체류하던 나의 친족 또는 인척 되는 어른들이 현대에는 경학에 전념하는 것보다 신학문을 탐구해야 한다는 교시"에 영향을 받았다. 또한 시대의 변천에 따라 탐구해야 할 학문도 변천될 수밖에 없다는 점을 김병로도 자각했던 듯하다. 따라서 시대의 변화와 대세의 추이를 직접 확인하기 무작정 도시로 나가기를 선택했다.

김병로는 새로운 문물을 대면하기 위해 광주光州를 거쳐서 목포木浦로 갔다. 그리고 그곳에서 뜻밖에도 항구에 즐비한 상점과 해상의 거대한 선박을 보았다. 목포는 1897년 10월 1일에 부산·원산·인천에 이어 국내에서는 4번째로 개항되었다. 특히 전라도 지역의 미곡이 일본으로 수출되는 전진기지로서 활용되면서, 일본인과 일본 상점이 넘쳐나고 있었다. 항구에 정박해 있던 일본 군함을 견학할 수 있었는데, 체구의 웅대함과 선체의 외부를 철로 조선한 것 그리고 거기에 거치된 대포 등 무장을 보면서 놀라 큰 충격을 받았다. 게다가 항구지역의 거대한 상점·선박·군함은 거의 일본인 소유였고, 조선인은 산 밑으로 밀려 조그만 초가에서 겨우 살아가고 있었다. 해상에 떠 있는 약간의 작은 범선은 모두

구태의연한 것뿐이었다. 소위 지식층에 속하는 청년들은 일본인이나 외국인의 고용살이를 하고 있으니, 어찌 한심하지 않겠는가.

당시 목포의 변화상은 김병로에게 새로운 자극을 주었다. 그의 머리와 가슴 속에는 일본의 침략상과 일본이 이룩한 근대 문명에 대한 경탄이 교차하고 있었다. 그런 가운데 서구 근대학문 학습의 필요성을 절실히 느꼈다. 그러나 무비판적으로 추종하는 것이 아니라 동양의 정신문명을 바탕으로 습득해야 한다고 믿었다. 그래서 우선 물질문명의 선진국가의 언어를 배우는 것이 첫걸음이라고 생각했다. 그는 목포에서 "4~5인의 동지와 함께 수삼간의 집을 마련하여 일신학교日新學校라는 간판을 걸고 시간 강사를 초청하여 영어, 일어 및 산수의 강습"을 받았다. 그때 초빙되어 영어를 가르쳤던 선생은, 당시 영국의 소관인 세관의 통역이었던 남궁南宮씨였다. 그러나 불운히도 1904년에 시작한 이 신학문의 강습은 불과 5~6개월 정도에서 멈출 수밖에 없었다.

항일의병투쟁 참여

목포의 일신학교에 신학문을 공부하던 김병로는 충격적인 을사늑약의 소식을 들었다. 이날의 소감을 다음과 같이 회고했다.

그 흉보가 목포항에 전파되고, '시일야방성대곡'이라는 피눈물 섞인 사설을 게재한 황성신문이 배부되자 조선인 상점은 전부 철시하고, 외국인에게 고용살이하던 사람들도 전부 파업하고, 가는 사람 오는 사람 눈물을 머금지 아니한 사람이 없고, 삼삼으로 유달산 이곳저곳에서 통곡하는 소리 그칠 줄을 몰랐으니, 참으로 천지도 암담하고 비분강개한 민족의 원한에 사무치는 참담한 광경이었다. 이러한 장면에 우리는 무엇을 결심한 바 없을 수 없으니 국가사직과 같이 생명을 끊는 것이 상책이라 할까, 그렇지 않으면 무엇을 결심하야야 할 것인가.

피 끓는 청년 김병로는 뭔가 결심해야만 했다. 이미 신문을 정독하고, 『월남(베트남)망국사』나 『애급(이집트)근세사』 등 구국계몽기의 우국지사의 책도 읽었기 때문에, 일본이 우리의 구적仇敵이란 점도 알았고, 반면 일본이 외교적으로나 군사적으로 강대하다는 점도 알고 있었다. 그래서 무엇을 어떻게 해야 좋을지 고민했지만, 명확한 방략이 떠오르지 않았다. 그렇다고 이런 상황에서 신학문 강습이나 하고 앉아 있는 것은 너무나 한가한 일에 불과하다는 심정이었다. 일단 김병로는 강습을 중단하고 고향으로 돌아가 모든 친구와 지식층에게 사실을 알려 긴급한 방략을 세우기로 결심하고 목포를 떠났다.

그러나 그의 계획대로 일이 풀리지는 않았다. 그렇게 우울한 심정으로 시일을 허비하던 중, 마침 집 근처 어느 절에 창의倡義한 면암勉菴 최익현崔益鉉(1833~1906)이 머물고 있다는 소식을 들었다. 최익현은 1906년 6월 4일 전북 태인에서 의병을 일으킨 후, 정읍·순창·곡성·장성 등지를 점령하고 6월 20일성 다시 순창에 진주하고 있었다. 김병로는 평소 흠모하던 최익현에게 달려갔다. 면암에게서 "우리가 앉아서 죽음을 기다릴 수 없으니 죽창이나 식도를 갖고라도 일제히 분기하여 왜구를 격

퇴해야 한다"는 교시를 듣게 되었다.

창의에 협력해달라는 최익현의 말에 감동받고, 김병로는 집에 돌아와 선산 산지기로 있는 명포수 채상순蔡相淳을 불러들였다. 그에게 창의의 취지를 설명하고 포수의 소집에 온 힘을 쏟을 것으로 부탁했다. 채상순은 이를 흔쾌히 수락하고 곧 5~6명의 포수 동지를 규합해 참전했다. 최익현이 순창읍에 진주하고 항일전쟁을 준비하고 있을 때였다. 전주 진위대와 남원 진위대가 순창을 포위하여 공격하자 같은 민족끼리 살상할 수 없다고 하면서 의병을 해산하고 관군에게 붙잡혔다. 곧 일본 헌병에 군율 위반죄로 처벌받고 쓰시마섬對馬島에 유배되었다. 여기서 최익현은 단식으로 항전하다가 1906년 12월 30일에 순국하고 말았다.

김병로는 면암의 순국과 의병의 패배를 목도하면서 크게 좌절하고 번민했다. 집안에 틀어박혀 난세의 영웅을 기대하며 『초한전기楚漢戰記』·『삼국연의三國演義』 등을 탐독하기도 했다. 아무리 생각해도 정상적인 방법으로는 국운을 만회하고 도탄에 빠진 민중을 구해낼 방도가 보이지 않았다. 고민 끝에 만약 오행술서五行術書를 연구하여 신기한 조화를 얻게 되거나 기인을 만나 비책을 받는다면, 단번에 국운을 만회할 수 있다는 망상에 빠져버렸다. 장고 끝에 악수였다. 생각이 여기에 미치자, 곧바로 집을 나섰다. 김병로는 전라도 산천을 주유하며 기인을 찾아다녔다. 우연히 전남 장성의 초막에서 한 노인을 만났고, 그에게 기인의 풍모를 느껴 숙식을 함께하며 공부했다. 그렇게 5~6개월을 허송세월했지만, 김병로는 자신만의 방식으로 기울어가는 국권을 회복하고자 노력하고 있었다. 그러던 어느 날 인척들이 김병로의 초막으로 찾아와 의병을

백낙구 관련 보도(「독립신문」 1920년 5월 18일자)

함께할 것을 권유했다. 그 노인은 시기상조라 하고 거절했다. 그는 자신이 배운 것을 활용할 기회라고 판단하고 공부하던 책들을 챙겨 고향으로 돌아왔다. 물론 어림없는 착각이고 미신이었음을 훗날 김병로는 고백했다.

집에 돌아오자 친척은 광양의 백운산에 있던 백낙구白樂九(?~1907)를 "창의의 영도자가 될 분"이라고 소개해주었다. 그는 자신의 경력과 창의에 대한 내용을 말하면서 김병로에게 협력을 요청했다. 백낙구는 1894년 동학봉기 때 농민군을 토벌하던 초토관招討官으로 활동했다. 그 공로를 인정받아 주사에 임명되었지만, 일본의 명성황후 시해사건 이후 사직했다. 이후 만주로 건너가 각지를 전전하며 암중모색했다. 그러다가 악성눈병에 걸려 귀국했는데, 결국 시력을 잃었다. 백운산을 거점으로 눈병을 치료하면서 후일을 도모했다. 그는 을사늑약 소식에 충격을 받고, 최익현의 의병에 큰 자극을 받아 본격적인 의병을 준비했다. 김병로가 백낙구와 함께 창의를 계획하자 호남 여러 지역 지사들이 순창으로 모여들었다. 이때 그는 자신의 바깥채를 내주어 회합 또는 숙식장소로 제공했다. 약 2~3개월에 걸친 준비를 마친 다음에 모두 산발적으로 지리산 구례로 옮겨 기병하기로 정했다.

출발에 앞서 김병로는 자신이 쓰던 말 1필과 조총 1자루 등을 채상순과 함께 보냈다. 그러나 스스로 참전하지는 않았다. "시국을 평정함에 있어 출동 시기가 이르다는 것과 지금으로서는 성공의 희망이 없다"는 이유였다. 이는 지난날 장성의 노인 의견과 자신의 판단도 동일했기 때문이었다. 백낙구의 의병부대는 1906년 11월 광양 군아를 점령하고 무기와 군자금을 확보했다. 이어 순천을 습격할 계획이었으나, 여의치 않아 포기하고 흩어져 구례로 다시 집결하기로 했다. 그는 구례로 들어갔다가 참모 6명과 함께 구례군수에게 체포되었다. 채상순은 밤중에 파옥하고 돌아왔고 백낙구를 제외한 전원이 석방되었다. 1907년 백낙구는 15년형을 선고받아 완도군 고금도에 유배되었다가 순종純宗의 특사로 풀려났다. 다시 전주 의병에 합류하여 전북 태인에서 항쟁하다가 전사했다.

김병로는 상당한 기간을 두고 백낙구와 교류하며 지원했다. 그에 대하여 "모든 지식이 풍요한 분이며, 구학문에만 고루하지도 아니하고, 한말 정치의 무능에 통분하여 일상 담화 중에도 흥분한 태도를 가졌으며, 일본에 대한 복수심은 항상 열화같이 비등하여 자기 생명까지도 인색하지 아니하는 결정적 태도를 가진 의사로서 그 성실성은 참으로 경복하지 아니할 수 없었던 바이므로, 그가 최종의 순국대의를 이루었다"고 요약했다.

백낙구가 고금도로 유배되고 2~3개월이 지났을 무렵에 김동신金東信
이라는 유생이 김병로를 찾아와서 다시 거병을 제안했다. 항일의식에
고취되어 있던 그는 다시 채상순을 불러 산포수를 모집하게 하고 김동
신과 함께 순창일대를 순방하면서 장정들을 모았다. 그 결과 100여 명
의 장정과 10여 명의 포수를 모을 수 있었고, 이들은 곧바로 순창의 보
좌청補佐廳을 습격하여 점령했다. 김동신의 의병들이 구례·하동을 거쳐
거창에 이르렀을 때, 불시에 일본 기병대 50여 명과 조우하여 전투가 벌
어졌다. 전투는 불리하여 부득이 후퇴 분산하려 할 때, 포군장 채상순은
"왜군을 보고 도피만 하려면 의병은 무엇을 하자는 것이냐?"고 분노하
며 총을 높이 들고 단신으로 적진으로 돌입하면서 사격을 하여 왜병을
살상했지만, 그 역시 적탄에 명중되어 최후를 마쳤다.

김병로는 채상순의 죽음에 깊은 감화를 받았다. 그는 "채상순은 초등
교육도 받지 못한 문맹으로 깊은 산간에서 수렵으로 생업을 삼을 뿐 유
목민에 방불한 사람임에도 불구하고 그 숭고한 정의감과 용감성은 누구
나 놀라지 아니할 수 없다. 이것이 곧 우리 민족혼의 정화가 아니고 무
엇이겠는가"라고 평했다. 이후 호남 지역의 의병은 계속 확대되었으나,
1909년부터 시작된 일제의 이른바 남한대토벌작전으로 기세가 꺾였다.

김병로는 의병의 정황을 회고하면서, "을사오적이나 일진회의 매국
반역과 같은 사태에도 각처의 유생을 비롯한 일반 국민들이 대의의 깃
발을 들고, 민족정신을 발휘하여 최종의 생명까지 바쳤다는 것은 우리
의 역사적 전통으로 세계에 유례를 볼 수 없는 민족성을 긍지할 수 있
는 것"이라 평가했다. 20세 전후의 청년기에, 김병로는 최익현·백낙구·

채상순이라는 의병장들을 직접 접촉하고 조력한 매우 특별한 이력을 가졌다. 그가 총이나 칼을 직접 잡고 행동대열에 참여한 것은 아니었지만, 이들에게서 감화받고 지원을 아끼지 않았던 점에서 그는 의병항쟁의 정신을 체득했다고 볼 수 있다. 그들과 함께했던 그 삶은, 김병로에게 평생에 걸친 항일 자세의 자양분이 되었을 것이다.

구국계몽운동으로의 전환과 창흥학교 창립

의병항쟁의 와중도 김병로는 자신만의 방식, 즉 어떤 신묘한 계책에 대한 미련을 버리지 못했다. 오행술서를 연구하고 실험하는 데 몰두하여 허무하게 약 3년여의 세월을 보냈다. 물론 어떤 기이한 실적도 얻지 못하고, 고민만이 날로 증가했다. 그래서 김병로는 1907년경 봄에 옥과玉果의 용전龍田이라는 곳으로 이사했다가, 그해 가을에 다시 담양군 창평면昌平面 용수리龍水里로 이사했다. 당시 창평 일대에는 고경명의 후손들이 집성촌을 이루며 대대로 살고 있었다. 김병로의 모친 역시 고경명의 후손이었기 때문에, 그는 이들 외척에게 가족을 의탁하고 자신만의 방식을 계속 추구하기 위해서였다.

집은 나온 김병로는 다시 광주·목포·군산 등을 순회했다. 그런데 자신이 과거 목포항에 있던 때와는 달리 세상은 더욱 변해 있었다. 일본인의 세력이 더욱 팽창하여 상권이나 관권이 모두 일본인에게 장악된 것을 보았다. 교육기관도 보통학교가 설립되었으나 교장은 역시 일본인이었다. 이런 현실을 본 김병로는 자신의 처지를 되돌아보았다. 의병도 대

세가 불리하게 되었고, 허무한 오행술서로도 해답을 찾을 없다고 판단
했다. 따라서 방향을 전환해야 한다고 결심했다. 의병항쟁에서 자강을
통한 국권회복운동으로의 방향 전환이었다. 그리고 그 구체적인 시작은
바로 학교를 설립하는 일이었다.

이 시기에 전국에서는 을사늑약 이후 구국계몽운동의 일환으로 교육
구국운동이 들불처럼 일어났다. 당장 일제와 무력대결로 국권회복을 할
수 없는 상황에서, 인재를 양성하고 신교육으로 근대화시켜야 한다는
자각에서 이러한 학교설립운동이 전개되었다. 김병로 역시 이러한 흐름
에 동참한 것이다. 김병로는 창평으로 돌아와 그 지방의 유력인사들과
협의하여 사립학교를 창설하기로 했다.

당시 이 지역의 구국계몽운동을 주도한 인물은 의병장 고경명의 후
손으로, 지주이자 관료 출신 고정주高鼎柱(1863~1933)이다. 그는 을사늑
약이 체결되자 을사오적에 대한 처단 등을 주장하는 상소를 올렸고, 상
소가 받아들여지지 않자 관직을 버리고 낙향했다. 1906년 고향 창평에
창흥의숙昌興義塾을 세우고, 자신의 둘째아들 고광준高光駿(1882~1950)과
사위인 김성수金性洙(1891~1955)를 가르치기 위해 따로 창평 월동에 영
학숙英學塾을 세웠다. 영학숙은 나중에 창흥학교로 통합되었다고 한다.
1907년 7월 잠시 서울에 올라와 호남학회의 창립을 주도하여, 초대 회
장에 추대되었다. 이 학회는 교육진흥을 목표로 했고, 학회지『호남학
보』를 발행했다. 8월 다시 고향으로 내려와 창흥의숙을 창흥학교昌興學校
로 개편했다. 김병로는 외척인 고정주를 도와 창흥학교로 개편하는 과
정에 관여한 것으로 보인다.

창흥의숙 기념비(현 창평초등학교 소재)

　　그런데 『황성신문』에 따르면, 창흥학교는 1908년 3월 26일에 정식으로 개교식을 거행했다. 아마도 처음 창흥의숙은 고정주가 자신의 가택에다가 개설했을 것으로 추정된다. 그러다가 창흥학교로 개편되는 과정에서 창평의 객사를 수리하고 이전하여 1908년에 정식으로 개교한 것으로 보인다. 창흥학교는 교장에는 고정주, 교감에는 이병성李丙星을 임명했다. 일본인 교사도 1명을 초빙하고 생도 50인을 모집하여 수업을 개시했다. 처음에는 단발한 학생이 없었고, 연령도 13세부터 24세까지 다양했다. 개학 후 1~2개월 후에는 모두 단발하고 모자를 착용했다. 초등과는 3년, 고등과는 6개월 속성으로 했다. 김병로는 1910년 6개월 과정의 고등과를 졸업했다.

　한편 영학숙에서는 주로 영어를 가르치기 위해서 서울에서 교사를 초청하여 수업을 했다. 고정주는 당시의 형편으로 본격적인 영학문을 하려면 상하이上海나 도쿄東京에 가야 하지만, 그러자면 국내에서 영어의 기초를 어느 정도 쌓아둘 필요가 있다고 생각했다. 이 학교에서는 고광준·김성수·송진우宋鎭禹(1887~1945)·현준호玄俊鎬(1889~1950) 등이 공부했다. 훗날 평생을 같이했던 지기들과 함께 고정주의 문하생으로 있었던 셈이다. 다만 이때 이들과 깊은 교유관계를 맺었는지는 확실하지 않다. 고광준만은 꽤 친분이 있었던 것 같다. 김병로가 1910년 일본 도쿄에 처음 유학갈 때 이미 고광준을 알고 그의 자취집으로 바로 가기도 했다. 훗날 김병로는 고광준의 딸을 맏며느리로 삼아 사돈관계를 맺는다.

일본으로 유학하여
법학을 공부하다

망국 직전의 일본 유학

김병로는 창흥학교 고등과를 마치고 일본 유학을 결심했다. 신문물과
신지식을 배우려면 그 본거지인 도쿄에서 제대로 배워야 한다는 생각이
었다. 또한 고광준의 상하이 유학과 김성수·송진우의 도쿄 유학에 영향
을 받았을지도 모른다.

1910년 3월 일본 도쿄 유학길에 올랐는데, 당시 나이가 24세였다. 고
향에 홀어머니와 젊은 아내, 그리고 만 3살의 아들을 남겨두고 내린 어
려운 결정이었다. 게다가 김병로는 학비와 생활비에 대한 준비도 없이
조선평복에 창흥학교 제모를 그대로 쓰고 출발했다. 김병로는 목포로
가서 일본 고베神戸로 가는 목포환木浦丸에 올라타고 일본으로 건너갔다.
도쿄로 가는 기차를 타고 도요타마구豊多磨区의 센다가야千駄谷까지 갔다.

그러나 김병로의 일본 유학길은 순탄치 않았다. 김병로는 목포에서부터 검문을 당하고, 일본에서 옮기는 정거장마다 교대로 사복형사가 따라붙었다. 일제는 조선 병탄을 위한 정지 작업의 일환으로 지식인층인 일본 유학생들의 동태를 철저히 감시하고 미행했다.

김병로는 이미 창평 시절부터 친구로 지내던 고광준의 센다가야 자취집으로 찾아갔다. 그곳에는 고광준과 동료 유학생 4~5명이 함께 생활하고 있었다. 일단 여기에 여장을 풀고 함께 자취하면서 공부할 방도를 찾았다. 김병로는 부족한 영어를 더 배우기 위해 세이소쿠正則학교에 등록하는 한편 고학을 준비했다. 일본에 유학하면서 충분한 준비가 없었기 때문이다. 그러나 생면부지에 의사소통도 제대로 되지 않는 조선인에게 일자리를 줄 일본인은 거의 없었다.

고학이 불가능하다고 판단한 김병로는, 유학 기간을 단축할 결심을 했다. 우선 니혼대학日本大學 법과 전문부에 청강생으로 입학했다. 또한 메이지대학明治大學의 교외생校外生(법과야간부)으로 등록했다. 교외생이란 학교에 다니지 않고 해당 대학의 강의록 등을 통해 교육받는 학생을 말한다. 가능한 짧은 기간에 일본어와 법률 공부를 마칠 계획이었다. 하지만 일본어가 불충분하여 공부하기가 매우 곤란했다. 당분간 숙소에서 강의록을 습독하여 시험에만 응할 심산으로 1학년 전 과목을 3~4개월에 독파했다. 다시 등교하여 수업을 청강해보니 훨씬 수월했고 필기도 가능해져서 점차 법학 연구에 흥미를 느끼게 되었다. 이렇게 수업에 적응하는 동안 자취생들 사이의 경제적 불균형 때문에 부득이하게 청광관淸光館이라는 하숙으로 옮겨서 학업을 이어갔다.

도쿄 유학 시절 김병로. **좌측이 김병로다.**

세이소쿠학교와 니혼대학에서 공부하는 동안에도 사복형사의 미행이 지속되었다. 그런 그를 학생들은 "탐정 김씨[探偵金樣]"라고 불렀다. 항상 아침저녁으로 사복형사 1명이 미행하더니, 8월 초에는 3명으로 늘어났다. 청광관에 하숙하고 있는 동료 유학생들에게도 갑자기 형사 4~5명이 붙는 등 감시가 심해졌다. 왜 그런지 이유를 몰라 사방에 알아보니, 유학생의 왕래도 중단되었고 편지조차 단절되었다는 것이다.

그러던 중 8월 22~23일쯤 되어 도쿄 각 신문에 '한일병합조약'의 전문과 그 경과를 대서특필해 보도됨과 동시에 도쿄 시내 전체가 경축 일색으로 장식되었다. 비분강개한 학생들은 유학을 접고 귀국하려 했지만, 부산에서 상륙을 허락하지 않았다. 또한 조선인 유학생이 있는 곳마다 형사와 밀정 등이 배치되었으며 가로에는 경비 상태가 삼엄하여 모두 사실상 감금 상태에 놓이게 되었다.

상황이 이렇게 되자, 유학생친목회에서는 비밀리 집회 개최를 추진했다. 감시의 눈을 피해 몇 사람이 손바닥에 죽을 사死를 쓰고, 집회 장소 및 시일 등을 쓰는 방식으로 친구를 만날 때마다 서로 알리게 했다. 약속된 8월 27일 오전에 고지마치趣町에 있는 유학생청년학관에 김병로를 비롯한 약 70~80명이 모였다. 그런데 이미 정사복 일본 경찰 100여 명이 학생들 사이에 끼어 감시하고 있었다.

사회자가 집회의 취지를 설명하려고 하자, 관내 경찰서장이 경관 30~40명을 인솔하고 회관에 들어와 "이 집회는 불온하므로 해산을 명한다"라고 선언했다. 어쩔 수 없이 유학생 회장이 단상에 올라가 눈물을 흘리면서 "사태가 이 지경에 이르고 보니 금후 행동은 각자에게 맡길 수밖에 없다"고 선포했다. 동시에 참석자 전원은 흐느끼며 "대한제국 독립만세!"를 부르고 해산하고 말았다. 강제병합 소식은 김병로에게 큰 충격이었다. 훗날 김병로는 이때의 참담함을 다음과 같이 회고했다.

나도 하염없이 하숙에 돌아와 책상에 의지하고 앉아 있으니 흐르는 것이 눈물뿐이요, 식념食念은 고사하고 하녀에게도 면접하기 참괴하여 얼굴을 파묻고 신음할 뿐이었으며, 밖에서 만세 소리가 들릴 때마다 심장이 맺혀서 통곡하고 싶은 심정이었지만 차마 그러하기도 어려웠고, 다만 동숙하는 우리 사이에 서로 만나서도 얼굴만 바라보고 말없이 눈물로 지내는 정상이었고, 누구나 학교에 갈 생각도 전혀 없었던 것이었다.

엎친 데 덮친 격으로 김병로는 하숙비를 계속 감당할 수 없어 혼고우本鄕 어느 집에 월세 2원을 내고 빙 한 간을 빌려 자취를 했다. 한창 여름이었음에도 매일 심열과 오한이 계속되고 불면증이 심해 몸져눕게 되었다. 망국의 슬픔에다 몸까지 아프니 날로 비관적인 생각만 강해졌다. 그래서 심적 안정과 위로를 찾아서 신앙에 귀의해보려는 생각도 했으나, 경제적 고통까지 겹치면서 결국은 귀국을 결심했다. 일본 유학 5개월 만에 일제의 한국강제병합으로 학업을 중단한 것이다.

김병로는 관부 연락선을 타고 시모노세키下關를 출발하여 부산에 도착했다. 부산에서 그를 기다리고 있던 자는 따뜻한 가족과 친구가 아닌 조선총독부의 수상 경찰서였다. 김병로는 경찰서로 구인되어 검색을 받고 수사 심문을 당했다가 3일 후에 석방되어 고향에 돌아오게 되었다. 오랜만에 집에서 1~2개월간 휴양하다가 다시 광주로 가서 양림陽林이라는 부락(신앙촌)에 기숙했다. 지우 2~3인과 같이 독서로 날을 보내며 때로는 교인들과 같이 성경을 연구하며 일요일에는 광주교회에서 예배를 보는 일에 큰 위안을 얻었다. 아마도 어찌할 수 없는 현실 속에서 망국민의 슬픔과 좌절을 신앙을 통해서 해소하려 했던 듯하다. 일본에서 귀국 직전에 주공삼朱孔三(1875~?) 목사와 교유하면서 얻은 기독교에 대한 이해도 작용했을 것이다.

김병로가 교회를 열심히 다니던 무렵에 다시 한번 건강이 악화되었다. 광주의 병원에서 치료를 받았으나 효과를 보지 못했다. 결국은 집에 돌아와서 치료에 매달렸으나 특별히 차도가 없었다. 증상은 악화되고 고열과 조갈이 심하여 절망 상태에 빠졌는데, 한동안 소원했던 한의원 홍경칠洪景七이 찾아왔다. 결국 폐결핵으로 진단받았으나 그의 처방에 따라 전통치료를 받고 의외로 나았다고 한다.

건강을 되찾은 후에 다시 광주로 올라가서 매형 박하룡朴夏龍과 함께 잡화상점을 경영했다. 그러나 법률 공부에 대한 열정은 식지 않았다. 그렇게 도쿄에서 귀국할 때 소장해온 메이지대학 법과 강의록을 다시 읽기 시작했다. 그리고 그해 가을 무렵에 다시 일본 유학을 결심했다. 당대 최고의 성리학자 전우의 문하를 떠나 상투를 자르고 양복을 입고 일본에 갔으나 돌아올 때에는 아무것도 얻지 못했으니 민망하기 그지없었다. 그는 매월 학비로 20원씩만 보내달라는 부탁을 남긴 채 모든 것을 매형에게 일임하고 일본으로 갔다.

메이지대학에서 수학

1911년 가을 김병로는 도쿄에 도착했다. 첫 번째 도일과는 다르게 매월 20원씩의 경제적 지원을 받을 수 있었다. 그는 1912년 메이지대학 법과 3학년에 편입하기로 계획하고 시험 준비에 돌입했다. 1912년 3월에 강의록에 의한 교외생 시험을 마치고 메이지대학 법과 3학년 편입이 허가되었다. 1912년 12월에 메이지대학 교외생을 졸업했다. 한편 1912년 3월에 같은 대학 법과 3학년생으로 입학했다.

이후 그는 학교 근처에서 자취생활을 하며 오직 법학 공부에 매진했다. 매일 아침 일찍 일어나 세 끼 먹을 분량의 밥을 지어 아침식사를 마친 뒤, 점심밥을 휴대하고 학교 도서실에 가서 좌석을 정하고, 필요한 책을 빌려 공부했다. 강의 때는 노트를 가지고 들어가 필기하고, 수업이 끝나면 다시 도서관에 들어와 문 닫을 때까지 공부하다가 숙소에 와서 아침에 남겨놓은 밥으로 식사한 뒤 야간공부를 했다. 매일 주야로 학교 강의 시간을 제하고도 평균 8~9시간 공부를 할 수 있었다. 학업에 지장

현재의 메이지대학

이 없는 일요일에는 재도쿄조선인유학생학우회에 참석하여 활동했다.

1913년 3월 초에는 졸업 시험을 보았다. 시험을 치른 후 마음의 평정도 찾고 또 앞날을 구상하기 위해 약 10일 동안 일본 국내여행을 했다. 그는 일본의 농촌을 직접 보면서 상반된 감정을 느꼈다. 일찍 개국을 하여 서양문물을 받아들임으로써 이루어낸 물질문명의 우수성은 긍정하면서도, 정치에 대해서는 문맹이고 특히 관에 절대 복종하는 태도를 보면서 우리 민족의 우수성을 높이 평가했다. 여행에서 돌아와 합격자 명단을 확인하기 위해 학교로 갔다.

낙방을 근심했지만, 의외로 합격자 270명 중에서 22번째로 합격했다. 그의 인생에서 처음 맛본 성취의 기쁨이었을 것이다. 이 일을 계기로 하여 김병로는 "참으로 법률을 연구할 생각이 새로워졌다"고 회상했다. 김병로는 며칠 동안 심사숙고한 결과 일단 귀국하기로 마음을 먹었다. 하지만 공부를 마치고 취직을 꿈꾸지 않고 다소 난관이 있더라도 공부를 계속하겠다고 결심하고 귀국길에 올랐다.

일본 메이지대학 법과 졸업은 김병로에게 좋은 취업의 길을 보장해 주었다. 김병로가 귀향한 후 며칠 뒤에 광주의 경편철도 창립 사무소에 초청장이 와 있었던 것이다. "광주와 송정 사이에 경편철도를 부설하도록 허가를 받았으므로 회사를 세우려 한다"는 설명과 함께 "법률과 사무에 능숙한 귀하를 전무로 초대하려 한다"는 제안을 받았다. 당시 조선에서 일본 유학을 해서 법학을 전공한 사람은 손에 꼽을 정도였기 때문이다. 그러나 그는 메이지대학 졸업 당시의 결심을 이어가기로 하고 거절했다. 김병로는 약 2개월간 집안일을 정리했다. 약간의 땅을 팔아서 240원 정도의 목돈을 마련했다. 240원은 매월 20원을 소비한다면 일본에서 2년간 충당할 수 있었다. 그렇게 다시 일본 유학 길을 떠났다.

일본 도쿄로 돌아와서 메이지대학 고등연구과에 입학했다. 이 고등연구과는 메이지대학과 주오대학中央大學에서 공동으로 설치한 것이다. 당시 메이지대학 학제를 보면 4개의 학부(법학부·정학부·문학부·상학부)를 두고, 그 위에 고등연구과를 두었다. 각 학부는 해당 분야의 이론 및 응용을 가르치고, 고등연구과는 그 온오蘊奧를 연구했다. 말하자면 고등연구과는 법률이 신오한 학문은 연구하는 연구대학원인 셈이다. 고등연구과는 2년 과정으로 야간에 운영되었다. 따라서 오전과 오후 시간이 남자 김병로는 니혼대학 법과에도 동시에 학적을 두고 공부했다. 김병로

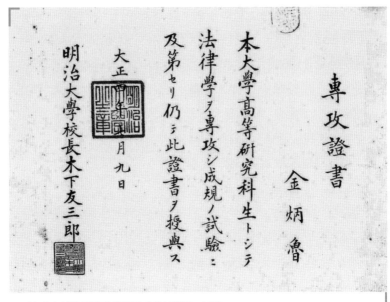

専攻證書

金炳魯

本大學高等研究科生トシテ法律學ヲ專攻シ成規ノ試驗ニ及第セリ仍ニ此證書ヲ授與ス

大正　年　月九日

明治大學校長木下友三郎

1915년 메이지대학 졸업증서(한인섭, 『가인 김병로』, 28쪽)

는 1915년 6월 28일에 메이지대학 고등연구과를 졸업하는 동시에 니혼대학 법과도 졸업했다. 이 시절 김병로는 공부의 방식을 바꿨다. 특별히 참고할 자료가 필요한 경우 외에는 도서관에도 가지 않고 자취하는 거실에서 아침 일찍부터 오후 4시까지 공부하고 야간 과정에서 돌아온 후에는 매일 3시간씩 정기적으로 공부했다.

고등연구과에서 형법은 마키노 에이이치牧野英一(1878~1970) 박사, 민법 중 물권 채권은 요코다 히데오横田秀雄(1862~1938) 박사, 상법은 마쓰나미니 이치로松波仁一郎(1868~1945) 박사와 가타야마 요시가쓰片山義勝 박사, 민사소송법은 마에다 나오노스케前田直之助 박사가 담당했다. 수업은 일정한 교과서나 필기는 없었고, 출석한 학생들과 함께 일본 법전을 축조하여 질의문답의 방식으로 진행되었다. 각 법률 조문을 축조하여 분석하는 기법을 활용했던 것으로 보인다. 당시 김병로는 자신만의 법학 공부 방법을 터득했다. 이를 소개하면, "법학의 중심은 법전이다. 그 법전에서 정의·요건·효과를 파악하고 다른 조문과의 관계를 정리하여 그 토대 위에서 교과서를 읽으며 학설 간의 차이점을 정리한다. 조문과 학설을 연결한다. 법전을 기본으로 하여, 간명하고 계통 있게 정리하라"는 것이다.

밤낮으로 독실하게 공부한 태도와 계통 있는 방법론의 체득을 통해, 김병로는 어떤 법적 쟁점이라도 자신 있게 논평할 수 있는 경지에 이르렀음을 자부했다. 그리고 당시 그의 가계부를 통해, 그의 유학생활 일상과 근검절약하는 자세도 엿볼 수 있다. 즉 "학비 계산은 매월 20엔 중에서 월사금 5엔, 방세 2엔, 식료품비 6엔, 이발·목욕 등 잡비 2엔, 남는 돈으로 매월 2~3권의 책을 구입하여 연구 자료로 삼았다"고 했다.

김병로는 1915년에 이르러, 법률의 전 과목에 걸쳐 충분한 공부를 했고, 법전과 학설의 대강도 머릿속에 그릴 수 있었다. 일본 학자의 저서도 대개 참고했다. 그해 가을 무렵에는 일본 변호사 시험에 응시할 생각으로 먼저 시험적으로 니혼대학 졸업시험을 보았다. 3월 20일부터 시험 일정에 따라서 1·2·3학년 전 과목, 총 34과목의 시험을 7일 동안 치렀다. 그 결과가 평균 80점 이상으로 매우 우수한 성적을 기록했다. 일본 교수들에게서도, 일본 변호사 시험에 응시하면 통과는 의심할 바 없다는 높은 평가를 받았다. 그래서 김병로는 그해 가을에 있을 일본 변호사

김병로 졸업사진(『학지광』 제6호, 1915)

시험에 응시하기 위해 각종 서류를 준비했다.

하지만 일본 정부 각의로 "일본인 이외에는 현행 변호사 시험에 응시할 자격을 허용할 수 없다"는 결정이 내려졌다. 그 이유는 조선·타이완은 일본 내지와는 법역法域이 다르므로 수험을 허락할 수 없는 외국인의 경우와 동일하다는 것이었다. 조선을 일본에 이른바 '합방'하고 조선인을 '제국신민'으로 삼았음에도, 특정한 자격이나 혜택은 줄 수 없다는 차별대우였다. 김병로는 겉으로는 태연해했으나 크게 실망했을 것이다. 더 이상 일본에 머무를 필요가 없었으므로, 그해 7월 초순 도쿄를 출발하여 서울로 귀국했다.

유학생 자치활동과 『학지광』 발간

김병로가 일본에서 유학할 때 도쿄에는 조선에서 건너온 유학생들이 많이 있었다. 이들은 서로 교류하면서 다양한 조직 활동을 했다. 김병로는 법률 공부에 바쁜 가운데도 도쿄 유학생의 일원으로서 유학생 활동에 적극 참여했다. 이때 그는 호남다화회湖南茶話會와 도쿄조선유학생학우회의 간사부장, 그리고 도쿄조선유학생학학우회 기관지 『학지광學之光』의 편집 책임을 맡았다.

초기 도쿄 유학생의 대표적 단체는 1909년에 결성된 대한흥학회^{大韓}興學會였다. 이 단체는 도쿄 유학생의 구심체 역할을 했는데, 강제합방 직후 조직이 강제로 해체되었다. 1911년과 1912년 사이 유학생의 출신 지역별로 7개 단체가 결성되었다. 즉 전라도의 호남다화회, 경상도의 낙동동지회, 경기·충청도의 삼한구락부, 평안도의 해서친목회·동서구락부, 함경도의 철북친목회, 강원도의 영남구락부 등이 있었다. 유학생들은 지속적으로 통합단체를 만들려는 노력을 한 끝에 1912년 10월 도쿄조선유학생학우회(이하 학우회)를 창립했다. 학우회의 탄생에는 김병로 간사장을 비롯해 안재홍安在鴻(1891~1965)·신익희申翼熙(1894~1956) 등이 주도적인 역할을 했다.

이때 지방별로 난립한 친목단체를 대동단결로 통합을 이룬 경험은 이후 김병로의 일생동안 계속된 통합주의자로서의 활동에 단초적 경험이되었다. 학우회는 회원 상호간 지·덕·체의 발달 및 학술연구와 의사소통을 도모할 목적으로 조직되었다. 그리고 각 출신지역의 모임을 분회로 한 지방분회의 연합체로 출범했으며 회원의 회비와 의연금으로 유지되었다. 김병로가 주로 활동했던 1914년 9월부터 1915년 2월까지 회원이 347명이었고 1915년 4월에는 356명이 되었다. 학우회는 임시총회및 웅변회, 졸업생 축하회, 신입 학생 환영회, 운동회 등을 통하여 배일사상을 고취했다. 그리고 연구발표를 통한 민족의식과 역량강화를 도모하기 위하여 1년에 두 번 잡지를 발간하기로 했다. 그것이 학우회 기관지『학지광』이다.

『학지광』제2호

　『학지광』은 일본, 도쿄에 유학하고 있던 유학생들의 논문·기행·수
필·시·한시·희곡·소설, 학우회 및 청년단체 활동 기사 등을 게재한 종
합잡지였다. 대체로 유학생으로서의 사회적 의무감과 계몽적 자질 함
양, 서구 문명의 소개 등을 주요 기조로 했다. 또한 지식인의 사명으로
사회문제 일반에 대한 관심도를 높이고자 현실참여에 대한 선전도 했
다. 일본 도쿄에서 조선 청년들이 조선말로 잡지를 펴낸 사실, 그리고
적극적으로 조선의 문제를 개진한다는 사실 때문에 내외의 주목을 받
았다.

　『학지광』은 일본은 물론 조선에도 상당수가 반입되었기 때문에, 국
내의 청년 학생들에게도 큰 영향력을 발휘했다. 이에 일본 당국은 불온

하다는 이유 등으로『학지광』의 발매·반포금지, 정간 처분 등을 반복하며 탄압했다. 1915년 5월부터 1916년 5월 사이에 1회 정간, 25호는 압수당했고, 1914년부터 1920년 6월까지 19회 발간 중 9회 발매 반포금지를 당했다. 『학지광』은 우리나라 학술계와 사상계에 크게 이바지했으며, 특히 신문학사조의 도입 및 창작에 큰 영향을 끼쳤다. 김병로는 초기『학지광』의 편집 겸 발행자로 겪었던 애환을 다음과 같이 회고했다.

그런데 잡지 학지광은 내가 맨 처음의 편집 겸 발행자가 되었는데 불과 40~50쪽 되는 조그마한 잡지였으나 그때도 옛날이라 글을 쓸 사람이 없어서 쩔쩔매었다. 송진우군의 「도덕론」이 그때 아마 제일 장편논문인 줄 기억한다. 그때 학생 중에도 김성수·안재홍·박이규·정세윤 등 후일의 쟁쟁한 인물이 많했으나 … 어찌하였든 편집을 마쳐놓고 훈민정음의 활자 있는 인쇄소를 도쿄東京 안에서 발가락이 빠지게 찾아다니다가 결국 요코하마橫濱 내려가서 복음관이란 곳에서 찍어 돌렸었다.

한편 김병로는 유학생들의 행사가 열릴 때면 항상 후배들에게 민족의식을 잊지 말도록 격려했다. 1914년 봄 간다神田의 조선기독교청년회관에서 열린 신입생 축하 모임에서 "고목봉춘枯木逢春"이라는 격려사를 했다. 고목봉춘은 마른 나무에도 꽃이 핀다는 뜻으로 독립을 암시했다. 김병로 주위에는 항상 일본 경찰의 감시의 눈이 따라다녔기 때문에, "조선은 망했지만[枯木] 후배는 봄을 맞이하여 꽃을 피우라[逢春]"고 에둘러 표현한 것이다.

김병로는 유학 시절 자유분방한 교제를 추구한 편은 아니었다. 우선 연배가 상대적으로 높았고, 가난한 고학생으로 경제적 여유가 없었으며, 무엇보다 한 집안의 가장의 무게를 견디며 법학 공부에 집중해야만 했다. 그렇다고 다른 고학생의 처지를 외면하지는 않았다. 학우회의 간부로서 신입생의 동향을 조사하며 고학생을 구제할 방법에 대해 고심했다. 그가 제안한 방법은 금연회禁煙會 조직이었다. 금연회를 조직하고, 회원들에게 담뱃값을 아낀 비용의 일부를 월 회비로 모으자는 것이다.

　학우회의 다른 간부들과 상의한 결과, 1인당 월 회비 60전씩을 징수하여 고학생 1인에게 6원씩을 지급하여 학자에 보충하기로 결정하여 금연회의 발회식을 거행했다. 엄격한 운영을 위하여 규약도 정했다. 그 내용으로는 금연회에 가입한 후 회비를 납입한 후에도 금연을 실행하지 아니한 회원은 간부 회의에서 계고하고 그후 개전改悛하지 아니할 때에는 제명 처분을 하고 그 이유를 『학지광』 지면에 발표하기로 했다. 김병로는 18살 때부터 피우던 담배를 끊고 금연 규약을 잘 지켜냈다.

　김병로는 일본 변호사 시험에 응시할 수 없게 되자, 학우회의 간사부장, 그리고 『학지광』의 편집 업무를 후임자(신익희)에게 넘겼다. 기타 송년회 등 잔무를 마치고 도쿄역을 출발하여 귀국했다. 그때 어떤 친구가 기차를 오를 때 담배 한 갑을 양복 주머니에 넣어주었다. 기차가 출발하자 처음 한 개를 피워보니, 2년 이상 금연한 효과도 없이 담배 맛의 새로움을 느끼면서 담배를 피우게 되었다고 한다. 이후 김병로는 하루에 2갑을 피우며 애연가로 이름을 날렸다.

　김병로의 도쿄 유학 시절은, 향후 그와 관련하여 떠올리는 개인적 품

성과 태도를 형성한 기간이었다. 세평에 크게 연연하지 않고 자신의 할 일에 몰입하는 특성, 그러면서도 책임 있는 역할을 마다하지 않는 공적 태도, 몸에 배인 근검절약이다. 법학 지식, 교유관계, 생활태도 등의 면에서 도쿄 유학 시절은 법률가 김병로의 기본소양과 지식을 형성하는 기간이었다고 할 수 있다.

법학 교수, 판사 그리고
항일변호사로 활동하다

후학 양성과 법학 교육

1915년 7월 초순에 도쿄를 출발하여 귀국했다. 김병로는 순창과 담양을 찾아서 가족들과 친척들을 만났다. 곧 광주로 나가 친지들을 만나보고 서울로 올라왔다. 청년 김병로는 메이지대학 법과 및 메이지대학·주오대학 공동운영의 법률 고등연구과 졸업증을 가지고 있었다. 이 정도의 학력이면 당시로는 조선 전체에서 법률 분야에서는 가장 높은 수준이었다. 김병로는 내심 보성법률상업학교의 전임교수를 희망했다. 일본 변호사 시험을 볼 수 없다면 후학의 양성에 전력을 쏟겠다고 결심했다. 그러나 사정이 여의치 않아 1915년 9월 30일자로 경성전수학교京城專修學校 교유敎諭로 취직했다. 이 학교의 교유는 대부분 일본인이었고, 조선인은 극히 소수였다. 그만큼 김병로의 법학 자격과 지식이 인정받았다는 뜻이다.

당시 경성전수학교는 조선에서 유일한 최고 법학 교육기관이었다. 조선총독부는 1911년 11월 1일에 종전의 법학교法學校를 폐지하고 경성전수학교를 설치했다. 경성전수학교는 조선총독의 관리에 속하고 조선인 남자에게 법률 및 경제에 관한 지식을 가르쳐서 공사의 업무에 종사할 사람을 양성할 것을 목표로 했다. 대한제국기 법관양성소法官養成所 또는 법학교는 법관 양성이 목적이었다. 그런데 경성전수학교는

경성전수학교 교유 시절
김병로(1916)

'법관 양성' 대신에 각급 관공서의 하급직 관리 양성을 목적으로 했다.

경성전수학교는 학교장을 주임관奏任官으로 보하고 교유에는 전임 9인을 임명하되 주임관 4명, 판임관判任官 5명으로 보하도록 했다. 학교장은 조선총독의 명을 받아서 교무校務를 담당해 소속직원을 감독했고 교유는 생도의 교육을 맡도록 했다. 수업 연한은 3년이었고 교과목은 수신, 국어, 법학통론, 헌법 및 행정법, 민법, 상법, 형법, 민사소송법, 형사소송법, 국제공법, 국제사법, 경제, 실무 연습, 체조 등이었다. 이러한 교과목 구성은 식민지 초기 법학 교육을 목적으로 했음을 보여준다. 학기는 3학기제로 운영했는데 제1학기는 4월 1일부터 8월 31일까지, 제2학기는 9월 1일부터 12월 31일까지, 세3학기는 1월 1일부터 3월 31일까지였다.

그러다가 조선총독부는 1915년 전문학교 설립기준으로 「전문학교

규칙」및「개정 사립학교규칙」을 공포했다. 이에 따라 1916년 4월 1일에「조선총독부전문학교관제」를 제정하여 경성전수학교, 경성공업전문학교京城工業專門學校, 경성의학전문학교京城醫學專門學校를 전문학교로 규정했다. 기존의 경성전수학교 규정은 폐지되었으나, 학교명만은 그대로 사용했다. 결국 1911년에 설립한 경성전수학교[이하 (전)경성전수학교]와 1916년에 개교한 경성전수학교는 교명은 같지만 전혀 다른 학교였다.

다만 1916년의 경성전수학교는 (전)경성전수학교의 교수 과목, 학기, 수업 연한 등을 거의 그대로 따랐다. 다른 부분은 첫째, "조선교육령에 근거하여 법률·경제에 관한 전문교육을 하는 곳으로 공사의 업무에 종사할 자를 양성하는 것"을 목적으로 했다. 종전의 '조선인 남자'라는 문구를 삭제하고 이른바 '제국신민'으로 확대했다. 둘째, 경성전수학교의 직원은 학교장(주임관), 전임으로 교수(주임관) 3명과 조교수(판임관) 3명, 서기 1명(판임관)을 두도록 했다. 즉 (전)경성전수학교의 교유는 경성전수학교의 관제에서는 교수 3명(주임관)과 조교수(판임관) 3명으로 변경되었다.

그동안 김병로의 경성전수학교 경력에 대해 혼선이 있었다. 가장 공식적인 자료인『조선총독부관보』에 따라 그의 경력을 정리하면, 그는 1915년 9월 (전)경성전수학교 교유에 임명되었고, 1916년 전문학교인 경성전수학교 조교수으로 다시 임용되었다. 1918년 경성전수학교 조교수 겸 경성고등보통학교 교유에 임용되면서 고등관 8등으로 승진했던 것이다. 즉 (전)경성전수학교 교유와 경성전수학교 조교수에 임용될 때는 판임관이었다가, 1918년 경성고등보통학교 교유를 겸하면서 고등관으로 승진했던 것이다.

주임관과 판임관의 구별은 매우 중요한데, 그 지위와 대우에서 큰 차이가 있기 때문이다. 요즘의 공무원 기준으로 보면 주임관은 사무관(5급) 이상이고, 판임관은 주사(6급) 이하와 비슷하다. 일제강점기 관리는 그 직무의 성질, 임용 형식·자격 등의 기준에 따라 몇 가지로 구분되나, 임용 형식에 따라 고등관(1등~9등)과 판임관(1등~4등)으로 나뉘는 것이 일반적이다. 고등관은 주임관(3등~9등) → 칙임관勅任官(1등~2등) → 친임관親任官으로 구성된다. 고등관은 형식적으로 일본 일왕이 직접 임명하는 관리이다. 일본 일왕이 직접 임명장을 수여하는 친임관의 경우, 조선에서는 조선총독과 정무총감뿐이었다. 조선총독부의 판검사는 고등관의 첫 단계인 주임관부터 출발했다. 판임관은 천황의 위임을 받은 각부 장관이 그 진퇴를 결정했다. 판임관은 대개 중견으로서 각 관청의 실무사무를 집행하고 처리하는 일을 담당했다. 조선총독부 재판소의 경우는 서기書記가 이에 해당한다. 결국 김병로는 1918년 고등관으로 승진하면서 판검사와 같은 관등에 올라 이른바 고위직 공무원이 되었던 것이다.

1919년 3·1운동 이전 모든 학교의 교사나 교수는 제복을 입고 칼을 차고 수업에 들어갔다. 경성전수학교에서 김병로가 담당했던 과목은 민법 중 친족상속법·국제법·형법·형사실무 등 4과목이었다. (전)경성전수학교는 143명의 졸업생을, 경성전수학교는 217명의 졸업생을 배출했다. 이 학교 졸업생들은 재판소 서기 등 사법기관에서 근무하는 경우가 가장 많았다. 판사·검사·변호사·재판소 서기 등 사법인력을 모두 합하면 174명으로 약 48%의 졸업생들이 진출했다. 행정기관까지 포함하면

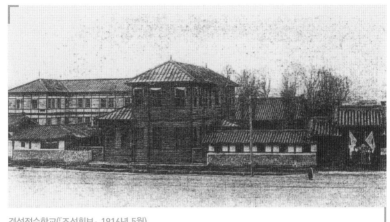
경성전수학교(『조선휘보』 1916년 5월)

주요 관청 및 사법업무 종사자가 모두 209명으로 전체의 약 58%에 달했다.

한편 김병로는 보성법률상업학교(보성전문학교)에서도 법학을 가르쳤다. 당시 교장이었던 윤익선尹益善(1871~?)의 요청으로 이루어졌다. 현재 고려대학교의 전신인 보성전문학교는 한국 최초의 고등교육기관으로 1905년 4월에 창립되었다. 보성학교는 일제강점기 사립학교로서 수많은 조선인 인재를 양성한 곳이다. 그런데 조선총독부는 1915년 3월 「전문학교규칙」 및 「개정 사립학교규칙」을 동시에 공포했고, 같은 해 4월 1일부터 시행된 전문학교 규칙에는 "본령에 따라 설치하는 전문학교가 아니면 전문학교라 칭할 수 없다"고 했다. 이에 따라 보성전문학교의 격하된 교명은 보성법률상업학교였다. 과명도 3년제 '법률과'로 개칭된 상태였으며, 주간이 아닌 야간으로 해야 했다. 따라서 1920년 2월에 교장으로 취임한 고원훈高元勳(1881~?)이 조선총독부 당국에 보성을 전문학교로 승격해달라고 거듭 타진했다. 이때 김병로는 재단법인 기성회를 조직하여 널리 사회 독지가들에게 지원을 호소했다. 결국 1921년 11월 조선총독부에 재단법인 설립허가신청서를 제출하고, 12월 보성전문학교라는 교명을 되찾았다.

당시 보성법률상업학교의 학교 규정에 따르면, 수업은 오후 6시부터 10시까지였고, 매일 4시간씩 일주일에 6일로 하여 매주 24시간의 수업을 했다. 김병로는 1916년 4월 보성학교의 강사로 취임했고 1938년에 이르기까지 강사 혹은 촉탁강사로 근무했다. 그는 보성전문학교에서는 민법 총칙, 친족상속법, 상법 중 수형법(수표법), 형사실무 5과목을 담당했다. 법학 교수가 부족했던 시절임을 감안하더라도, 경성전수학교와 보성학교에서 그가 맡았던 수업 과목의 범위가 매우 넓었음을 알 수 있다. 김병로는 어떠한 자세와 준비로 경성전수학교와 보성법률상업학교에서 강의했을까? 다음 글을 보자.

그때 나는 본직을 경성전수학교에 두었고 보성전문학교 강사로 취임하게 되어 민법 및 상법의 많은 과목을 담당하여 1주에 20여 시간을 출강하게 되었는데 두 학교에서 강의할 교안을 작성할 시간이 없어서 낮에는 본직인 전수학교에서 오후 4시 후에야 집에 돌아왔고 다섯 시부터 (보성학교에서 - 필자 주) 야학 강의를 시작하여 열시에야 돌아오게 되었으니 ㄱ 이일의 교안을 작성하기에 밤을 새워 아침까지 이르기를 항다반사로 하였었다. 그리고 겨울에 풍설이 심하거나 여름과 가을에 장마철 비가 많을 때에는 오후 다섯 시 정각에 학교에 나가보면 학생들도 낮에는 직장에서 근무하는 사람들이 다수였기 때문에 정각에 출석하는 학생은 극히 소수였고, 때때로 출석학생이 5~6명에 불과하는 때도 있었으나 우리는 그들을 상대로 시간 있는 데까지 성실히 강의를 하였던 것이다.

두 학교를 오가며 1주일에 약 20시간을 강의하느라 아침에 출근하여 저녁 10시에 귀가할 정도로 초인적인 능력을 발휘했다. 교수 방법은 강의 때마다 교안을 작성하고 30분은 필기, 30분은 강의하는 방식으로 진행했다. 두 학교에서 강의할 교안을 준비할 시간이 없어서 밤새우기가 일쑤였다. 김병로는 오직 성의와 열정으로 강의했는데, 학생 5~6명을 상대로도 성실히 강의하는 자세가 돋보인다. 이러한 김병로의 강의 자세와 강의 내용은 당시 학생들에게 열띤 호응을 얻었다. 그의 강의를 들었던 한 보성학교 학생은 다음과 같이 회고했다.

수 년간 대한 수십 명의 교수, 강사진 중 가장 인상 깊었던 선생은 민법 물권편 담당하신 가인 김병로 박사이었다. 교단에 서시면 예리한 금속성으로 청산유수격, 분초도 쉴 사이 없는 열성 담긴 강의였으나 제목만 정하면 원고 없이도 몇 시간이든 계속할 수 있는 풍부한 자원에는 시간 가는 줄 모르고 경청할 뿐으로, 동경 저명박사의 학설까지 비교 비판하시니 실로 흥미진진이었다. 그다음에 형법, 상법, 소송법 어느 강좌를 맡으시거나 모두 전공 이상의 실력을 발휘하여 강의 내용에는 끝까지 경복敬服했다.

좋은 강사는 열성 있고 실력 있는 강사라 할 때, 김병로는 청산유수이고 "입가에 침을 튀기며" 강의하는 열성을 보여주었고, 실력 면에서는 도쿄의 저명한 박사의 학설까지 비교해 비판할 정도의 실력을 갖추고 있었다. 법학 교육자 김병로는 이처럼 경성전수학교와 보성전문학교에서 강의하면서 학생들에게 지식과 기백을 불어넣어 후학 양성과 법학교육의 지평을 확장하는 데 큰 기여를 했다.

김병로는 교육자이면서도 법학을 연구하는 학자로서의 지적 소양도 갖추고 있었다. 법학 교수로 활동하던 그는 조선인 출신 법조인들로만 조직된 사법협회 기관지 『법학계』의 편집 책임을 맡게 되었다. 일본 유학 시절 『학지광』의 편집자 겸 발행자로서의 경험이 큰 도움을 주었을 것이다. 원래 법학협회는 1908년 111명의 회원으로 창립되었다. 법학협회는 매월 토론회를 하고 월간지로 『법학협회잡지』를 간행하여 총 19호까지 발행했다.

그러나 1910년 일제강점으로 잠시 활동이 중지되었고, 이후 1915년에 다시 활동을 재개했다. 그들은 1915년 5월 10일에 임시총회를 열고 활동을 재개할 것을 결의하고 그달 25일에 학회지를 『법학계』라고 개칭하여 발간했다. 이때 중추적 역할을 한 인물이 최진崔鎭(1876~납북) 변호사다. 당시 김병로도 회원으로서 참여했다. 1916년 3월 12일에는 법학협회 정기총회를 보성학교에서 개최하고 임원을 선발했는데, 회장으로 최진, 평의원에는 김병로 등이 당선되었다. 김병로는 1915년 10월부터 1916년 6월까지 『법학계』 잡지의 발간을 주도했다. 하지만 조선인 법조 인력이 매우 적었기 때문에 사법협회 편집 업무를 원활하게 운영하기란

쉽지 않았다. 따라서 김병로 스스로가 많은 글을 투고할 수밖에 없었다. 모두 6호까지 간행된 『법학계』에서 김병로는 매호마다 집필했고 그 분량도 상당히 많은 편이다.

〈논설〉「법리관」, 『법학계』 제1호, 1915년 10월
〈질의문답〉「부동산에 대한 절도죄의 성립」, 『법학계』 제2호, 1915년 11월
〈논설〉「중복매매와 중복저당의 형사상 책임」, 『법학계』 제2호, 1915년
11월
〈질의문답〉「중복매매와 위험부담」, 『법학계』 제3호, 1915년 12월
〈질의문답〉「가차압의 효력」, 『법학계』 제4호, 1916년 2월
〈질의문답〉「유자도품의 고매와 장물죄의 성립」, 『법학계』 제6호,
1916년 6월
〈논설〉「범죄구성의 요건되는 위법성을 논함」, 『법학계』 제3호, 1915년
12월·제4호, 1916년 2월·제5호, 1916년 3월·제6호, 1916년 6월

이는 1910년대 김병로의 법학관을 이해할 수 있는 좋은 자료이다. 주제는 법리학·형법·민법을 포괄했지만, 대체로 형사법 분야의 논문이 주였다. 그중에는 본격적인 논문의 수준에 도달한 것도 있다. 일본의 학설을 소개하면서 그에 맹종하지 않고 비판하면서 자신의 견해를 도출하는 점에서 독자적인 법학 견해를 읽을 수 있다고 한다. 김병로의 개인적 연구는 법학 전체의 발전과 궤를 같이하면서, 당시의 법학을 선도해갔다.
한편 김병로가 법학 교수로 재직하는 동안, 현실에 대한 어떠한 관심

이나 참여는 없었을까. 학생 지도와 관련하여 김병로는 학생들에게 은근히 민족의식을 일깨우고, 학생들의 기개를 고무시키려 노력했음은 제자들의 술회에서도 확인할 수 있다. 그는 변화하는 세계현실을 전혀 무시하고 살았던 것은 아니었다. 예컨대 1917년 2월 중앙기독교청년회의 초청으로 "사회의 모순과 법률의 실제"라는 제목으로 강연을 했다. 강연의 제목도 사회적 문제와 법적 문제를 관련시키고 있으며, 학교가 아닌 종로 YMCA 강당에서 진행하여 대중과 접촉하기 위해 노력했다.

김병로 부산지방법원 판사
(『조선총독부관보』 1919년 5월 31일자)

판사 임용 경위와 활동

1919년 4월 경성전수학교 조교수 겸 경성고등보학교 교유에서 조선총독부 판사로 임용되었다. 그동안 김병로의 판사 임용 경위, 판사 근무지, 판사 재임 기간 등에 대하여 여러 혼선이 있었다. 김병로 자신이 많은 회고담을 남겼지만, 이에 대해 자세히 언급한 적이 없기 때문이다. 이미도 판사로서의 경력이 그리 유쾌하거나 내세울 만한 일이 아니라고 생각했던 것 같다. 공식적인 자료인 『조선총독부관보』에 따라 그의 판사 경력을 정리하면 다음과 같다.

1919년 4월 16일 부산지방법원 밀양지청 판사

1915년 5월 29일 부산지방법원 판사

1920년 4월 17일 부산지방법원 판사 의원면직

김병로가 판사가 될 수 있었던 배경 및 판사로서의 활동과 관련하여 자주 인용되는 것이 김진배金珍培(1934~현재)의 글이다.

1919년은 가인의 인생에 있어서 새로운 길을 발견하는 데 결정적인 해가 됐다. 3·1운동을 계기로, 전문학교 강사이던 그에게 판사 특별임용의 기회가 주어진 것이다. 소원이던 변호사의 길은 판사로 임용됨으로써 자동적으로 열리게 되었다. 그는 밀양지방법원 판사로서 밀양에 내려갔다. 그러나 그에게 닥친 것은 독립운동자에 대한 재판이었다. 이것은 그로서 참을 수 없는 일이었다. 1년도 못되어 그는 판사 자리를 내던지고 독립운동자의 편에 섰다.

– 김진배, 『가인 김병로』, 1983, 41쪽

그러나 오래전에 쓴 글이라 오류가 적지 않다. 첫째, 김병로는 "밀양지방법원 판사로 밀양에 내려갔다"고 했는데, 이는 사실이 아니다. 김병로는 처음 밀양지청 판사로 임명받았으나 한 달 남짓 만에 부산지방법원 판사로 다시 보임되었다. 둘째, "3·1운동을 계기로" 김병로에게 특별임용의 기회가 주어져 판사로 임용될 수 있었다고 본 점 역시 사실과는 다르다. 김병로의 판사 특별임용 문제는 본질적으로 1910년대 조선총독부의 판검사, 즉 사법관 임용정책과 밀접한 관련이 있다.

조선총독부는 1910년 10월 1일 조선총독부재판소를 설치하면서 조선총독부 판사 및 검사의 임용에 관한 두 가지 제령을 공포했다. 하나는 제령 6호 「조선총독부 판사 및 검사의 임용에 관한 건」이고, 또 하나는 제령 7호 「조선인인 조선총독부재판소 직원의 임용에 관한 건」이다. 그 내용을 정리하면, 일제는 첫째 조선총독부 재판소의 판검사를 임용할 때 일본의 재판소구성법에 근거한 유자격자有資格者, 즉 현직 판검사 및 사법관시보 중에서 선발하는 것을 원칙으로 했고, 둘째 통감부의 일본인과 조선인 판검사를 그대로 계승하며, 셋째 조선인 중 자격이 있는 자를 특별전형을 통해 조선총독부 판검사로 특별임용한다는 방침을 세웠다.

제령 7호에서는 조선인 중 "제국대학, 관립전문학교 또는 조선총독이 지정한 학교에서 3년 이상 법률학과를 수료하고 졸업한 자"에 한하여 특별전형을 거쳐 판검사로 특별임용한다고 규정했다. 조선총독부는 1911년 1월 "조선총독이 지정한 학교"를 구체화하여 일본 사립대학인 주오대학·메이지대학·니혼대학·호세이대학法政大學·교토호세이대학京都法政大學·간사이대학關西大學·게이오주쿠대학부慶應義塾大學部·와세다대학早稻田大學을 지정했다. 이 제령 7호 규정대로라면 메이지대학과 니혼대학 법과 졸업생인 김병로는 조선총독부 판사로 특별임용 될 수 있는 자격을 갖추었다.

식민지 조선과 본국 일본의 판검사를 동일하게 일본의 재판소구성법에 근거한 유자격자有資格者 중에서 임용한다는 원칙이었다. 그러다 보니

필히 '유자격자'를 확보해야 했고, 일제는 통감부 시절부터 정규 자격을 갖춘 사법관을 확보하기 위해 노력했으나 정원에 못 미칠 때가 많았다. 따라서 사법관 부족이라는 현실 문제를 해결하기 위해서 앞의 제령 6호와 7호를 공포했던 것이다. 일본인 판검사만으로 조선총독부 재판소를 운영하기에는 인원이 턱없이 부족했기 때문에, 통감부 출신의 조선인 판검사도 이들에게는 당분간 없어서는 안 될 존재들이었다. 조선총독부 재판소가 설치된 이후에도 사법관 인원이 정원에 못 미치는 현상이 지속되었다. 그래서 유자격자, 즉 정규 자격을 갖춘 사법관의 확보는 조선총독부 사법부 당국의 가장 큰 고민거리였다. 그래서 부족한 사법관을 확보하기 위해 제령 7호에 따라 조선인으로 자격에 있는 인물을 특별전형을 거쳐 조선총독부 판검사로 임용했던 것이다.

1910년대 새로 임용된 사법관은 133명이었고 퇴직한 인원은 187명이었다. 1910년대도 사법관 부족 현상이 지속적으로 나타나고 있었다. 이에 조선총독부는 이 제령 7호에 따라 1910년대 42명의 조선인을 조선총독부 판검사로 특별임용했다. 1910년대 특별임용된 조선인의 경우는 재판소 서기 출신 39명, 기타 3명이다. 일제에게는 기본적인 법률 소양을 갖추고 현재 사법사무에 종사하고 있는 재판소 서기 출신 조선인이 가장 적당했던 것이다. 따라서 제령 7호는 주로 재판소 서기 출신의 조선인을 대상으로 운영되었다고 보아도 될 것 같다. 그런데 재판소 서기는 판임관이므로, 조선총독부 판검사(고등관)로 특별임용된다는 것은 곧 승진과 출세를 의미한다.

한편 기타 3명, 1913년 11월 21일 조선총독부 경부警部(판임관)에서 조선총독부 검사(고등관 8등)로 임용된 한용韓溶(1874~1938), 1914년 10월 22일 경성전수학교 교유(고등관 8등)에서 조선총독부 판사(고등관 8등)로 임용된 양대경梁大經(1884~1964), 1919년 4월 16일 경성전수학교 조교수(고등관 8)에서 조선총독부 판사(고등관 8등)로 임용된 김병로는 재판소 서기 출신이 아니다. 김병로와 양대경은 이미 고등관에 재직하고 있었다. 판임관이었던 재판소 서기와는 달리, 김병로 등의 조선총독부 판검사 임용은 형식적으로 본다면 승진이 아니라 전임에 가까웠다. 따라서 김병로의 판사전형의 인사절차는 재판소 서기 출신들과는 다른 차원에서 진행되었을 것으로 추정된다. 그러니 김병로의 판사 임용은 3·1운동과 관련이 없으며, 사법관 부족 현상을 해결하기 위한 1910년대 조선총독부의 사법관 특별임용정책의 일환이었다.

다음으로 김병로가 판사로 재직하면서 독립운동 재판에 관여했는가 하는 문제이다. 이에 대해, "일제는 조선인을 판사로 임명하는 경우가 극히 드물었으며, 그 경우에도 형사사건, 그중에서도 특히 독립운동 관련 사건을 맡기는 경우란 매우 드물었다"라는 인식이 일반적인 것 같다. 더욱이 김병로가 판사로 있을 때 판결한 3·1운동 판결문이 발견되지 않았다는 점도 이러한 인식을 강화했다. 그러나 이러한 이해는 억측에 지나지 않으며, 사실과도 다르다.

일제강점기 조선인 판사가 독립운동사건 재판에 참여한 사례는, 합의부 판사냐 혹은 단독 판사냐의 차이는 있어도 얼마든지 찾을 수 있다. 예컨대 1919년 당시 공주지방법원 청주지청에 판사로 재직했던 전병하全炳夏(1880~1954)의 경우는 15건의 3·1운동 관련 재판에 단독 판사로 참여했다. 일제강점기 조선인 판사는 승진과 봉급 등에서 일본인 판사에 비해 차별대우를 받았지만 특정 사건, 즉 독립운동사건 등의 재판에 배제되지는 않았다.

따라서 김병로가 부산지방법원 판사로 재직한 것은 사실이고 또 3·1운동 혹은 독립운동사건의 재판에 관여했을 가능성도 없지 않다. 이를 부정하기보다는 김병로가 왜 판사가 되었으며, 이후 그의 인생에 있어 판사로서의 경험이 어떠한 영향을 미쳤고, 변호사로 활동하게 된 이후 어떠한 행보를 보였는가 하는 점이 더 중요하다. 그러므로 우선 김병로가 판사직에 나가게 된 전후 과정을 살펴보자. 이에 대해 김병로는 일제강점기 한 잡지에 기고한 「방랑, 교수, 변호사」라는 글에서 다음과 같이 회고했다.

이럭저럭 하는 사이에 대학을 마치고 나올 때 작정은 보성전문의 전임교수 될 욕심을 가졌으나 일이 그렇게 못되어 전수학교 교수가 되어 국제사법과 형법, 민법총칙, 친족상속 등을 맡아 가르치게 되었다. 한참 그러고 있다가 구주대전歐洲大戰통에 경제계가 웅성웅성한 것을 보고 실업계에 아주 투신하려고 어느 회사의 전무로 내교섭內交涉을 받고 학교를 나오랴는데 어느 편의 만류로 결국 재판소 판사를 9개월간 다니다가 그만 집어 뿌리고 현준호 씨와 같이 호남은행을 바로 잡아놓은 뒤 1919년 1월 35세에 변호사간판을 내걸고 재판소 출입을 하게 되었다. 그러나 법복이나 법모를 두 번 갈아 쓰도록은 오래 다니지 말자고 결심하였으나 작년에 모자가 떨어져서 할 수없이 새것을 가라 썼다. 변호사를 하여 돈을 모으자는 생각은 천에 만에 하나도 없는 일이니 그나마도 조선 사람으로 앉아서 이런 것인들 내어놓고 다른 할 일이 있어야지. 당분은 이 직업을 계속할 밖에 별 수 없을 줄 안다.

이 회고의 글이 겸양의 언사인지는 몰라도, 귀국 무렵부터 변호사가되기 전까지 김병로의 인생 진로는 자신의 뜻과는 달리 주변의 영향으로 바뀌었음을 알 수 있다. 즉 첫째 일본에서 귀국할 때 애초 보성전문학교의 전임교수가 되고자 했으나 뜻을 이루지 못하고 경성전수학교 조교수가 되었고, 둘째 제1차 세계대전 와중에 학교를 그만두고 실업계에투신하려고 했으나 "어느 편의 만류"로 포기하고 판사가 되었으며, 셋째 재판소 판사직을 내던지고 바로 변호사로 개업한 것이 아니라 그전에 현준호와 함께 호남은행 창립에 관여했다. 이처럼 1915~1920년 사이 김병로는 식민지 조선에서 자신의 역할이 무엇인지에 대해 진지하게고민하면서 주변인들과 상의했음을 짐작할 수 있다.

누구나 그러하듯 인간은 일생을 살아가며 순간의 선택과 결정을 하는데, 이때 작게는 자신의 능력, 가정 환경, 친분관계 등과 크게는 국가와사회 혹은 공동체의 현실 등이 작용한다. 이러한 작용·반작용을 통해 선택하고 결정해서 한 행위는 물론 스스로 책임져야 한다. 이 시기의 김병로 역시 그러한 고민과 선택의 순간에 놓여 있었던 것 같다. 특히 제1차세계대전과 러시아혁명 그리고 민족자결주의 등 세계사적 흐름의 변화가 그의 고민을 더욱 깊게 했을 것이다.

이와 관련하여 1919년 1월 경성전수학교에 재직하던 김병로는 『반도

시론』에 「강화도래講和到來와 교육주의」라는 제목의 시사적인 글을 발표했다. 여기서 그는 제1차 세계대전은 부정의와 불평등에 대한 정의와 평등의 승리로 파악하고, 인도문명人道文明의 서광이 세계적·영구적으로 되었다고 했다. 전쟁 이후 "국민자결, 국제민본, 경제균등이라는 주의 정신"이 현대 사조의 밑바탕에 변화의 계기를 초래하므로, "국민적 훈련과 국민적 통일되는 신념에 기초하여 세계적 사상과 세계적 기운을 조리調理"할 수 있도록 해야 한다고 했다. 즉 제1차 세계대전 이후 시대의 흐름을 긍정적으로 인식하면서, 앞으로 이에 대비하여 국민들도 훈련해야 함을 역설했던 것이다.

이러한 인식 속에 김병로는 한때 실업계로 투신할지를 진지하게 고민했다. 세계사적 변화에 대응하기 위한 준비 차원에서 조선의 실업을 일으키겠다는 생각이었다. 그래서 경성전수학교를 그만두고 한 회사의 전무로 취직하려 했다. 마침 일본이 전쟁 특수로 면직물을 비롯한 철강·화학 제품 등을 수출하면서, 일본 경제계는 일대 호황을 맞이했다. 일본은 제1차 세계대전으로 경제 불황과 재정 위기를 동시에 해소했다. 이런 호황에 편승하여 경제계의 진출을 모색했던 것으로 보인다. 아마도 민족경제의 발판을 마련하고자 하는 큰 뜻을 품었을 것이다. 실제로 판사 퇴임 이후 현준호를 도와 광주의 호남은행 창립에 깊숙이 관여하기도 했다.

그러나 이러한 구상은 "어느 편의 만류"로 접고 판사의 길을 선택했다. 정확히 어느 시점부터 결정했는지는 모르지만, 김병로는 그때부터 변호사의 자격을 생각했을 것으로 보인다. 그러나 판사 특별임용은 조선총독부 당국자가 결정하는 것이다. 형식적으로 보면 자신이 자원했다기보다는 총독부 당국자 또는 누군가의 추천으로 성사되었을 가능성이 크다. 타의든 자의든 간에 조선총독부의 판사 임용에는 정밀한 신원조회가 필수였다. 그래서 이 기간 동안 김병로는 자중자애했다. 비록 변호사 자격을 획득하기 위해 불가피한 과정이었지만, 그리 유쾌한 경험은 아니었을 것이다.

판사에 임용된 김병로는 재판 실무에 밝지 않았기 때문에 판사로 1년 동안 재직하면서 법전 속의 법과 법정 속의 법, 두 모습을 보고 비교하며 법정 속의 법을 활용할 방법을 강구했을 것이다. 그렇게 이론과 실무를 겸비하게 된 김병로는 1920년 4월 17일 부산지방법원 판사를 의원면직했다. 그리고 그해 12월 24일 경성지방법원 검사국에 변호사 등록을 했다. 시간이 약간 필요했던 이유는, 아마 판사직에 대한 자숙의 의미도 있었을 것이고 장래 할 일에 대해 확고한 결심을 다지는 기간이었던 듯하다. 곧 "변호사를 하여 돈을 모으자는 생각은 천에 하나 만에 하나도 없었다"라고 한 그의 회고는 변호사라는 직업을 선택한 이유에 대한 해명이자 결심이었다.

변호사 개업 및 첫 항일운동 사건의 변호

김병로가 서울에서 변호사 개업을 한 1920년은 이른바 문화통치기 시작된 초기로 항일운동사건은 더욱 증가하는 추세였다. 김병로는 변호사로 개업한 직후부터 독립운동 사건의 변론을 맡기 시작했다. 변호사 김병

대동단 사건 공판 기사
(『매일신보』 1920년 11월
25일자)

로가 맡은 첫 독립운동 관련 사건은 무엇일까? 그의 회고에 따르면 대동단大同團 사건이다.

대동단이란 1919년 3·1운동 이후 일진회一進會 회원이었던 전협全協(1878~1927)과 최익환崔益煥(1899~1959)이 중심이 되어 결성한 조선민족 대동단을 말한다. 이 단체는 이후 김가진金嘉鎭(1846~1922)을 총재로 추대하고, 전면적인 항일 운동을 전개하기 위해 각계각층을 포섭하고 전국에 지부를 설치했다. 특히 고종의 아들 의친왕義親王 이강(1877~1955)을 상하이로 망명시켜 상하이 대한민국임시정부의 지도자로 추대하려고 했다. 그러나 의친왕이 중국 안동현安東縣(현재의 단둥丹東)에서 일본 경찰에 체포되면서 실패했다. 주동자 전협 등 관련자 30여 명이 체포된 대사건이었다. 김병로는 1921년 3월 9일 대동단 사건의 항소심 변호사로 등장한다. 피고인 장현식張鉉軾(1896~1950)의 변호인으로 공판에 참여했던 것이다.

1921년 2월 28일에는 상하이 대한민국임시정부 군부차장 이춘숙李春塾(1889~1935)의 변호를 맡았다. 김병로가 변호사 신분으로 신문지상에 처음으로 보도된 변호사건이다. 이춘숙은 임시정부의 군부차장이자 의정원의 부의장으로, 대통령 이승만을 상하이로 초청하고, 미국에서 조선인 애국금 모집 공채를 발행하고, 여운형과 함께 신한문화동맹단을 조직했다. 이춘숙은 1920년 11월 상하이에서 붙잡혀 서울로 압송되었고, 1921년 5월 경성지방법원에서 재판을 받았다. 이춘숙은 "아무 변명할 말은 없으나, 다만 문화운동은 정치운동과 별개의 것이다"라는 취지의 진술을 했다. 검사는 징역 10년의 중형을 구형했다. 쟁점은 그의 활동이 제령 제7호의 구성요건, 즉 "정치의 변혁을 목적으로 다수 공동으로 안녕질서를 방해하는 행위"에 해당하는가였다. 재판에서 김병로는 폭력 행위의 증거 없이 처벌할 수 없다고 열렬히 변호했다. 즉 이춘숙이 '군부차장'을 맡기는 했으나, 그의

이춘숙의 김병로 선임계

활동 내용을 보면 법령의 제정, 문화 활동에 주력했으므로 직접적인 폭력의 행위에 가담하지 않았다는 것이다.

　1920년 12월 4일 대한독립보합단원 김도원金道源(1895~1923)이 형사 순사 이정선을 사살한 사건이 발생했다. 김도원은 군자금의 모집을 위해 서울 부호 변석연의 집을 사전통보하고 방문했다. 이미 그의 아들이 이 사실을 신고하여 형사들이 잠복해 대기하고 있었다. 형사들은 김도원이 집안으로 들어오자 땅으로 권총을 발사해 위협아서 제포히그가 했다. 이에 김도원은 소지하고 있던 권총으로 즉각 응사했는데, 이때 이정선이 총에 맞아 죽었다. 일본 경찰은 김도원은 물론 사건 관련자 약

金道源은 死刑言渡

普合團事件判決言渡

20명이 검거하여 재판에 넘겼다.

1922년 경성지방법원에서 열린 김도원의 공판에 김병로는 변호사의 일원으로 참여했다. 검사는 사형을 구형했는데, 김병로는 다음과 같이 변론했다. 첫째 김도원이 권총을 휴대하고 방문한 것은 자신에게 불의의 해가 돌아올까 했기 때문이지, 사전에 누구를 살해하려는 고의가 있었던 것이 아니다. 둘째 변석연의 아들이 형사를 불러다가 자기 집에 잠복시켰을 줄은 김도원은 전혀 생각하지 못한 일이다. 셋째 김도원이 발사한 것은 형사들의 발포에 대응한 긴급한 정당방위에 해당한다. 넷째 김도원은 도주할 틈이 없는 상황이었기 때문에 김도원에 대한 발포는 불필요한 일이었고, 김도원이 명중당했다면 형사가 책임을 져야 할 것이다. 이러한 논거를 들어 김도원에 대한 사형은 부당하고 절절히 논박하며 무죄변론했다. 그럼에도 사형이 선고되었고, 결국 김도원은 1923년 3월 6일 사형이 집행되어 순국했다.

이와 같이 김병로는 변호사 개업 이후 독립운동 변론의 길로 확고히 들어섰다. 이후 항일전선에서 이탈하지 않고 열렬하고 절절한 항일변호사로사의 삶을 개척해갔다.

항일변호사의 구심점,
형사변호공동연구회를 창립하다

경성조선인변호사회와 조선인변호사협회 창립

일제강점기에 변호사로 개업을 하려면, 법률에 따라 각 지방법원 검사정의 등록허가를 받은 후 소재지마다 설치된 변호사회에 반드시 가입해야 했다. 당시에는 경성변호사회·평양변호사회·대구변호사회 등이 있었고, 각지 변호사회는 조선인과 일본인이 함께 가입해 활동했다. 그리고 각 지방법원 검사정의 감독 아래에 있었기 때문에, 각지 변호사회는 공적 조직에 가까웠다.

일제의 조선강점 직전까지 서울에는 경성제일변호사회京城第一辯護士會와 경성제이변호사회京城第二辯護士會가 있었다. 경성제일변호사회에는 일본인 변호사만 가입했고, 경성제이변호사회에는 조선인 변호사만 가입했다. 1910년 이후에도 서울에서는 이 양 변호사회체제가 유지되었다.

1913년 1월 21일 경성제이변호사회는 정기총회를 개최하고, 회장에 최진崔鎭·부회장에 정명섭鄭明燮, 상의원常議員에 태명식太明軾·박승빈朴勝彬·박만서朴晚緒·심종대沈鍾大·허헌 등 변호사를 선임했다.

그러다가 1919년 4월에 경성지방법원 검사정이 두 변호사회를 통합할 것을 권고하여 경성변호사회로 통합되었다. 창립총회를 개최할 당시 경성변호사회 회원은 조선인이 31명, 일본인이 34명이었다. 일본인이 추천한 오쿠보 마사히코大久保雅彦와 조선인이 추천한 장도張燾가 팽팽히 맞서고 있었으나, 1표 차이로 장도가 경성변호사회장에 당선되었다. 일본인 변호사 입장에서는 그야말로 황당한 일이었다. 일본인 변호사는 우월감을 가지고 조선인 변호사들의 법적 무자격성과 법률 지식의 부족을 내세우며 식민지인 회장 밑에 있을 수 없다고 협력을 거부했다. 일본인 변호사들은 조선총독부에 진정서까지 제출했다. 양측의 불화가 증폭되고 변호사회 운영이 마비될 정도였다. 결국 1년 만인 1920년 4월 24일 경성지방법원 검사정은 어쩔 수 없이 경성변호사회를 종전대로 나누어, '경성조선인변호사회'와 '경성일본인변호사회'로 분립허가를 승인했다. 이후 경성조선인변호사회는 조선인변호사만으로 운영된 공적 조직으로 합법적 공간에서 조선인의 인권 옹호 등을 위해 활동했다.

김병로는 한동안 경성조선변호사회의 임원으로서 열성적인 활동을 했다. 자료에 따르면 1924년 상의원을 시작으로, 1925년부터 1928년까지 회장 및 부회장을 역임했다. 이 시기 조선 변호사계에서의 김병로의 위상과 능력을 심작할 수 있는 대목이다. 김병로가 경성조선인변호사회를 어떻게 생각하고 운영했는가에 대해서 살펴볼 수 있는 사례가 있다.

1927년 경성조선변호사회 임시총회 광경(『동아법정신문』 제150호, 1927년 2월 15일자)
좌측 첫 번째가 김병로다.

그가 회장으로 있던 어느 날 경성지방법원 검사정 나가오 가이조長尾戒三
의 면담 요청이 있었다. 간부들과 함께 찾아가니 그는 종전에 없던 친절
하고 온화한 태도로 "여러분 변호사는 조선에서 최고 지식층이며 경성
은 조선의 정치 중심지인데 조선인과 일본인이 분리되어 각기 변호사회
를 구성하고 있다는 것은 일선융화日鮮融和에 악영향을 미치는바 크므로
속히 양 회의 결의로서 합동하여야 한다"고 설득했다.

　　이때 김병로는 "일본 정치는 모든 것이 조선인에 대하여는 차별적이
므로 차라리 변호사회도 분리되어 있는 것이 원칙이 아니겠는가? 그러
나 검사정의 지시이므로 상임위원회 및 총회에 부의하여 그 결과를 회

보하겠다"고 답변하고 나왔다. 그 다음 날로 상임위원회에 부의한 결과 합동에 찬성하는 의원도 있었으나 다수결의로 부결되었다. 이때 일본인 변호사회는 합동을 결의하고 그 뜻을 김병로에게 알려왔다. 동시에 합동에 응하지 않으면 "검사정의 비상 처단이 있을 것"이라고 위협해왔다. 김병로는 전혀 개의치 않고 다시 총회에 부의했다. 총회에서 찬반양론이 격렬했지만, 결국 합동안은 부결되었다.

김병로는 그 결과를 검사정 나가오와 일본인변호사회에 통보했다. 김병로는 일제의 회유와 협박에도 합동안을 부결시킴으로써 독자적인 경성조선인변호사회의 전통을 지켰다. 그러나 1936년 새로운 「조선변호사령」이 공포되면서, 이른바 내선일체의 방침 아래 경성조선인변호사회와 경성일본인변호사회는 강제로 통합되어 경성변호사회가 만들어졌다. 김병로는 이렇게 되자 이후 발길을 끊었다. 즉 "나와 우리 동조자 이인·권승렬·김용무 군 등은 그 후부터 변호사회의 역원에 참가한 일도 없었고 동 회합에 참석한 일이 전연 없었던 것이다"라고 회고했다.

한편 1921년까지 조선인 변호사들을 전국적인 차원에서 통합·협력할 조직이 없었다. 각지 변호사회 말고는 조선인만의 통합된 민간단체가 없었다. 이에 1921년 5월 전 조선변호사회 회장회의를 개최하고, 박승빈·장도·이승우 등의 발기로 조선인변호사협회(조선변호사협회)를 창립하기로 했다. 같은 해 10월 2일 창립총회를 개최하고 임원을 선임했다. 협회를 대표하는 총무간사는 박승빈(1880~1943), 이사는 이승우·윤태영·허헌 등 6인, 의원은 김병로·최진·유문환劉文煥·강세형姜世馨 등 15인을 선정했다. 그리고 협회 유지비로 약 1,000원을 갹출했다.

조선변호사협회 창립총회 보도 기사(『동아일보』 1921년 10월 5일자)

조선인변호사협회의 목적은 "정의의 발전, 인권의 옹호, 법제의 개선, 회원의 친교 증진"에 있었다. 언론에서도 사설을 통해 "법조계의 단합은 인권옹호의 전제"라고 하면서 사회적 부응에 기대를 표하며 창립을 축하했다. 이 협회의 창립은 기실 눈앞의 현안에 대한 일종의 비상수단이었다. 1921년 10월 23일 베이징北京에서 개최되는 국제변호사대회에 조선변호사들의 대표성을 확보하기 위한 독자적 단체가 필요했다. 조선변호사들은 이 베이징 대회의 개최사실을 알게 되자, 조선의 변호사를 대표하는 기구로서 급히 조선인변호사협회를 결성하게 된 것이다.

베이징 국제변호사대회 참가

국제변호사대회란 아시아 각국의 변호사들이 국제적인 친목 도모와 모든 나라 민중의 권리를 정당하게 옹호하자는 취지로 만든 것이다. 제1회 대회는 1919년 필리핀에서 개최되었는데, 그다지 주목받지 못하고 일종의 위원회 정도로 끝났다. 제2회 대회는 중국 베이징에서 열기로 했다. 그 베이징대회를 위한 일종의 예비회의가 1920년 초 도쿄에서 열렸다. 조선의 변호사들은 이 대회를 주목하여, 7인의 변호사들이 참석했다. 이 회의에서 조선변호사들은 다른 나라의 호의를 얻기 위해 적극적으로 노력했다. 베이징에서 열리는 제2회 대회에서 조선인으로서의 대표성을 얻기 위해 타국 대표들과 열심히 교섭했다. 귀국 후 박승빈 이사장을 단장으로 하는 조선 민족대표 변호사단을 꾸려 베이징에 파견하기로 결의했다. 이 대표단에 김병로가 포함되었다.

드디어 1921년 10월 23일 베이징의 중앙공원에서 국제변호사회 제2차 대회가 열렸다. 주최 측 중국은 각 지방 대표자 500명을 비롯하여, 일본에서 50명, 필리핀에서 15명, 상하이 거주 미국인 4명, 러시아인 4명이 출석했다. 조선인 변호사도 비교적 많은 총 21명이 참석했다. 김병로는 조선인 변호사들과 함께 베이징에 도착한 그날부터 국제변호사단체에 정식 단체 자격으로 가맹하기 위해 맹렬히 활동했다. 이 대회의 대표인 중국인 국제변호사협회장에게 가맹 요구서를 제출하고, 각국 대표자들을 일일이 만나 하나의 독립단체로서 가입에 협조할 것을 설득했다. 특히 같은 처지에 있던 필리핀 대표자는 동정을 표하며 적극 찬성했다.

이러한 활동 소식이 일본 측에 들어가자, 일본인 변호사들은 극렬히 반대했다. 조선은 일본의 식민지였고, 일국에 두 개의 대표가 있을 수 없다는 논리였다. 만약 조선인변호사의 독립단체를 인정하면 일본인 변호사들은 전부 탈퇴하겠다고 했다. 심지어 일본 공사는 중국 법부에 항의하여 대회 자체를 열지 못하도록 압박했다. 대회를 개시하여 의사를 진행하면 조선인 의결권 여부가 쟁점화할 것은 불을 보듯 뻔했다. 결국 이 문제가 대회의 가장 커다란 화제로 떠올라, 제대로 된 논의와 결정은 물론 폐회선언도 없이 회의 전체가 흐지부지 종결되고 말았다.

일이 이렇게 되자 조선인 변호사들은 귀국했다. 당시 상황에 대해 김병로는, "중국 베이징에서 열린 국제변호사회에서 일본 변호사회와 우리 변호사협회 사이에 그 구성원 문제로 충돌이 있어 서로 양보하지 아니한 결과 국제변호사회의 개회를 보지 못하고 유회되고 말았으며, 그것이 원인이 되어 국제변호사회까지 종언을 고하고 말았던 것이다"라고 회고했다. 3·1운동 이후 고양된 분위기 속에 김병로를 비롯한 조선인 변호사들이 해외에서 조선의 독립성을 주장하며 분투한 노력은 높이 평가받아야 한다.

김병로는 베이징 대회의 참가를 계기로 결성된 조선인변호사협회를 소중히 여겼다. 각지 변호사회는 공적 단체로 일제 사법당국의 통제를 받지만, 임의 민간단체인 조선인변호사협회는 어떤 특별한 제약도 받지 않았기 때문이다. 이 점을 이용해 이 협회를 "우리 민족을 위해 정치적으로나 사회적으로 모든 사업도 할 수 있고 행동도 할 수 있는 단체"로 이끌 생각이었다. 그래서 김병로는 조선인변호사협회와 관련된 일에 열성적으로 참여했다. 1923년과 1924년 조선인변호사협회 정기총회에서 회장 격인 총이사 및 이사장에 선임되었다. 이 협회의 지도자로서 각 사회단체와 긴밀히 연락을 하며 정치투쟁의 일익을 담당하도록 이끌었다.

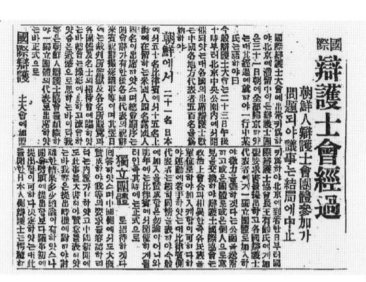

국제변호사회대회 관련 보도 기사(『동아일보』 1921년 11월 1일자)

특히 자신을 포함한 항일변호사들이 법정을 통해 정치투쟁을 전개할 때에도 법정 밖에서 변호사들을 원호하는 역할을 맡도록 했다.

김병로는 조선인변호사협회를 이끌며 각종 사회문제에 적극적으로 참여했다. 그 대표적인 사건으로 1924년의 평북 희천경찰서 고문사건, 각파유지연맹各派有志聯盟 박춘금朴春琴의 송진우 등 폭행사건, 언론집회압박탄핵운동 사건 등이다.

평북 희천경찰서 고문사건에서 김병로는 무료변론은 물론 이 사건의 조사와 처리의 책임을 담당했다. 그는 변론에서 "열정을 다해 국경에 있는 우리 동포들의 가련한 상태"를 말하고 피고들의 무죄를 주장했다. 조선인변호사협회는 이 사건을 통해 중요한 문제를 제기했다. 「조선형사

희천경찰서 고문사건과 조선변호사협회 관련
보도 기사(『동아일보』 1924년 5월 27일자)

령」에 따르면 조선에서는 사법경찰의 피고에 대한 청취서(조서)가 재판소에서 유일하고 확실한 증거로 간주되었다. 만약 경찰서에서 피고들에게 악독한 고문을 가하면서 작성된 조서였다고 해도, 경찰관의 조서는 절대적 효력이 있었다. 따라서 이러한 경찰의 권력 남용과 고문의 근본악으로 작용한 「조선형사령」의 일부에 대한 개폐를 단행하기 위해 김병로를 비롯한 조선인변호사협회 회원들은 다방면으로 노력했다.

박춘금은 일제강점기 대표적인 친일파로, 1924년 3월 '반일사상 박멸과 일선융화'를 표방한 각파유지연맹에 노동상애회勞動相愛會 대표로 참가했다. 1924년 4월 2일 『동아일보』의 보도에 따르면, 박춘금이 송진우·김성수 등 간부를 요리점에서 권총으로 위협해 공갈하고 폭행했다. 그런데 각파유지연맹 측은 『매일신보』에 거짓 사실을 적시하며 도리어 피해자들을 공격하는 기사를 실었다. 이에 격분한 각 사회단체 대표 약 40명 모여 각파유지연맹을 응징하기 위해 민중대회를 열고, 폭행을 방관하는 당국의 태도를 규탄하기로 했다. 조선인변호사협회는 4월 22일 김병로의 자택에서 임시회의를 개최하여, 각파유지연맹의 형태를 규탄하고 이를 비호하는 당국자에 대해 문책하기로 결의했다.

일제는 3·1운동 이후 이른바 문화정치를 표방하면서 제한된 범위 안에서 언론 및 집회를 일부 허가했다. 그러나 언론과 집회, 시위를 철저히 탄압했는데, 특히 언론의 경우 사전검열을 제도화하여 삭제·압수·정간 등의 행정 처분을 통한 통제를 일상화했다. 1922년에는 『신천지』와 『신생활』의 필화사건을 일으켜, 필자와 사상을 구속하고 처벌했다. 1924년에는 6월까지 『동아일보』 13회, 『시대일보』 9회, 잡지의 경우 『개벽』 3회, 『조선지광』 7회 압수되었다. 집회의 경우는 서울에서만 1924년 3월부터 6월 사이에 13회에 걸쳐 금지되었다. 게다가 일제는 각파유지연맹 사건을 규탄하고자 추진했던 민중대회도 금지했다. 이런 상황에 대항하고자 1924년 6월 7일 31개 단체의 대표 약 100명이 '언론집회압박탄핵회'를 결성했고, 여기에 조선인변호사협회도 참여했다. 이후 본격적인 탄핵대회를 준비했으나, 일본 경찰에 원천봉쇄되었다. 김병로는 조선인변호사협회를 대표하여 전 과정에 참여했다. 탄핵 결의문 초안 작성을 위한 기초위원, 결의문 통과 후 실행 방법을 연구할 실행위원 및 조사위원 등을 맡아 최선을 다해 활동했다.

김병로가 이끌던 조선인변호사협회는 각파연맹 사건부터 탄핵대회까지 일관되게 참여함으로써, 다른 사회단체와 연대하는 모습을 보여주었다. 조선인변호사협회라는 이름을 걸고 다른 사회단체와 본격적인 연대를 이룩한 것은 선례 없는, 주목할 만한 일이있다. 항일변호사들은 항일민족운동의 피고인의 무료변론뿐만 아니라, 다른 단체와 연대하여 사회운동의 일익을 담당하는 방향으로 나아갔다. 김병로 개인 차원에서도

언론집회압박탄핵회 관련 보도 기사(「동아일보」 1924년 6월 9일자)

이때의 경험이 훗날 신간회의 창립과 활동에 큰 밑거름으로 작용했으리라 짐작된다. 이후 조선인변호사협회는 1937년 일제의 내선일체정책에 따라 조선총독부의 강요로 전선변호사협회全鮮辯護士協會로 통합되었다.

형사변호공동연구회 창립

3·1운동 이후 조선 민중은 국내외에서 항일민족운동을 활발하게 전개했다. 이에 일제는 강력한 탄압으로 일관했고, 그 결과 수많은 항일운동가들이 일제에 체포·구금되어 1920년대 초부터 항일독립운동 사건에 대한 재판이 폭주했다. 이런 상황에서 김병로는 조선인변호사협회만으로는 항일운동을 지원하는 데 한계가 있다고 느꼈다. 그래서 허헌을 비

롯한 동료변호사들과 함께 새로운 단체를 조직했다. 그것이 바로 '형사변호공동연구회'였다. 그 창립 배경과 목적에 대한 김병로의 말을 들어보자.

내가 변호사사무실을 개시한 직후부터 '대동단' 사건을 비롯하여 3·1운동의 여파로 계속 발생한 사건, 기타 사상에 관련된 사건에 대하여 모든 원호에 응분의 노력을 하여왔으나, 이에 요하는 비용은 물론 자담하는 바이므로, 요급한 사건을 돌연히 원거리 지방에 가게 될 때에는 비용관계로 곤란을 느낀 바 있음에 감하여 나의 동료 변호사 중에 보조를 같이하여오던 이인, 권승렬, 김태영, 김용무, 허헌 등 제씨와 협의하여 이 연구회를 창설한 것인데, 표면으로는 평범한 명칭이었으나, 이면으로는 사상범 원호를 목적으로 하는 결사이며, 원호의 대상으로는 그 당시의 악법인 보안법, 제령 제7호, 치안유지법, 신문지법, 집회취체령에 위반한 사건이었으며, 그 내규로서 본 회원이 변호의 의뢰를 받은 원호의 대상이 아닌 형사사건의 착수금 및 보수금은 개인의 수입으로 하지 아니하고, 그 전액을 공동연구회의 수입으로 하여 원호사건의 제반비용에 사용하기로 하여 기록등사, 지방여비 등은 물론 필요에 따라서는 사식 차입까지도 이 금액으로 충당하게 되었던 것이다.

김병로를 비롯한 항일변호사들은 검거된 독립운동가들을 변호하며 일제에 항거했다. 독립운동이나 사상사건에 관련된 재판의 경우 대부분 무료로 변론하며 모든 원호援護에 응분의 노력을 했다. 소송 관련 기록을 등

형사변호공동연구회 광고
(『동아일보』 1923년 2월 19일자)

형사공동연구회 광고
(『동아일보』 1926년 4월 25일자)

사하고 지방에도 출장을 다녀와야 했으므로 소송수행에 많은 비용이 들었는데, 이 비용도 항일변호사들이 스스로 부담했다. 그러나 항일사건이 폭주하자 더 이상 항일변호사 개인이 감당하기 어려운 수준에 이르게 되었고, 더 조직적이고 체계적인 항일변론의 필요성이 커졌다.

　이에 대한 방안을 동료 변호사들과 함께 협의한 결과 항일변론의 조직적 틀인 '형사변호공동연구회'라는 변호사 모임을 창설하고, 일제에 공동으로 대항하기로 했다. 김병로는 1923년 2월 허헌·김태영金泰榮·이승우李升雨·김용무金用茂 등과 함께 서울 종로 인사동 75번지에 '형사변호공동연구회'를 만들어 "한 사람에 대한 보수로 5명이 공동연구하여 변호한다"는 취지로 항일변호사의 공동전선을 형성했다. 이후 독립운동 및 사상과 관련된 사건은 형사변호공동연구회 소속 변호사들이 도맡아 변호하게 된다.

그동안의 연구에서는 이 단체의 명칭, 창립 시기, 회원 등에 대한 의견이 분분했다. 현재 대부분의 연구에서는 형사변호공동연구회를 '형사공동연구회'라고 쓰고 있고, 그 창립 시기에 대해서도 1923~1924년과 1926~1927년 등으로 나뉜다. 하지만 분명한 것은 설립 시기는 1923년이며 당시의 정식 명칭은 형사변호공동연구회였다는 점이다. 또한 참여 회원도 주로 허헌·김병로·이인·권승렬·이창휘 등으로 파악하고 있는데, 이 역시 잘못되었다. 연구회가 창립된 1923년부터 1926년 사이에는 적어도 이인·권승렬·이창휘는 형사변호공동연구회에 정식 의원으로 참여하지 않았다. 형사변호공동연구회에서는 1923년 창립 직후부터 『동아일보』에 몇 차례 광고를 게재했는데, 마지막으로 확인되는 1926년의 단 1회만 '형사공동연구회'라고 쓰고 있다. 이로 미루어 보면 1926년 이전에 개칭했을 가능성도 없지 않다.

　형사변호공동연구회는 명칭으로 보면 연구단체 같지만, 실제로는 법정투쟁을 통해 조선인 항일민족운동의 무죄를 주장하고 형무소에 구금된 동지들에게 사식私食을 넣어주고 집에 있는 유족을 돌보아주는 등 변호사의 역할을 확대한 독립운동 후원단체였다. 항일운동이나 사회운동을 지원한다는 명목을 내걸 수 없었던 상황에서 이러한 항일사건이나 사상사건은 모두 형사사건에 속했기 때문에 표면적으로는 형사변호공동연구회라는 이름을 내걸었다. 그리고 항일변론을 조직적으로 할 목적으로 결성된 것인 만큼, 그 대상 사건은 당시의 악법인 「보안법」, 「정치에 관한 범죄 처벌의 건(제령 제7호)」, 「치안유지법」, 「신문지법」, 「집회취체령」을 위반한 것이었다. 연구회의 운영은 내규에 따라 형사공동연구회 회원이 변호의 의뢰를 받은 무료변호의 대상이 아닌 형사 사건의 착수금 및 보수금은 개인의 수입으로 하지 않고 그 전액을 연구회의 수입으로 하여 이를 독립운동사건의 제반 비용에 사용했다.

형사변호공동연구회에서 『동아일보』에 게재한 광고는 현재 총 11회가 확인된다. 이 가운데 9회는 창립 직후인 1923년 2~3월에 집중적으로 게재했다. 나머지는 1924년 1월에 1회, 1926년 4월에 1회인데, 마지막인 1926년에만 '형사공동연구회'라는 명의로 게재되었다. 이처럼 창립 직후에 형사변호공동연구회에서는 지속적으로 광고를 게재함으로써 공개적으로 변호를 의뢰했다.

형사변호공동연구회의 광고에 따르면, 처음에는 "형사사건에 한하여 1인에 대한 보수로 5인이 공동 연구하여 변호의뢰에 응함"이라고 했으며, 나중에는 "형사에 관하여 공동연합으로 1인에 대한 보수로서 2인 이상이 출정변호"한다고 게재하고 있다. 창립 초기에는 항일운동사건에 대해 1인에 대한 수임료로 김병로 등 5인 모두 공동으로 연구하여 대응하다가, 어느 정도 경험이 축적된 후부터는 2인 이상이 출정 변호하는 것으로 바뀌었음을 알 수 있다. 이후 1924년 3월에는 이종성李宗聖이 가담하여 6인이 되었다. 같은 해 4월 1일 광고부터는 항일운동 변론에 흥미를 잃기 시작한 이승우가 빠져, 다시 5인이 되었다. 연구회의 구성원은 대체로 5~6인으로 유지하면서, 결원이 생기거나 필요에 따라서 항일변론의 선두에 섰던 이인·권승렬·이창휘 등 변호사들이 합류했을 것으로 보인다.

형사변호공동연구회가 처음 발족했을 때는 인사동에 별도의 사무실까지 마련하고 출범했다. 하지만 1924년 1월 광고에는 사무실이 관철동 119번지, 즉 1926년 광고에서 보이는 허헌의 변호사 사무실과 같은 곳으로 되어 있다. 1년도 채 되지 않은 상황에서 별도의 사무실 유지가 어려웠거나 그다지 필요하지 않다고 판단하여 허헌의 사무실을 형사변호공동연구회의 사무실로 활용했던 것으로 보인다. 그리고 형사변호공동연구회가 의미 있는 활동을 한 기간은 1923년부터 1932년까지 약 10년 이내로 추정된다. 허헌이 구속된 후인 1932년경부터는 '김병로·이인의 합동변호사사무실 시대'가 열렸는데, 이때는 굳이 모임이 없어도 자연스레 구심점 역할을 했기 때문이다.

김용무

이창휘

한편 형사변호공동연구회는 일본 내 변호사 단체인 자유법조단自由法曹団(약칭 JLAF)을 모델로 했던 듯하다. 일본의 자유법조단은 1921년 고베神戸의 노동쟁의 탄압사건 조사를 위해 꾸려진 조사단을 계기로 성립된 변호사단체로서, 오늘날까지 같은 이름으로 그 명맥을 유지하고 있다. 조선인 변호사들은 각종 언론 매체를 통해 자유법조단의 존재를 잘 알고 있었다. 또한 이인은 자신의 회고록에서 조선인변호사협회와는 별도로 "우리는 자유법조단을 조직하기도 했다"

고 회고했다. 다만 이인은 생전에 '형사변호공동연구회'라는 명칭을 한 번도 언급한 적이 없다. 그러나 이인의 회고에서 이 연구회가 일본의 자유법조단과 유사한 취지로 만들어진 단체임을 짐작할 수 있다.

형사변호공동연구회 회원 전체가 참여하여 변론한 의미 있는 첫 재판은 무엇일까? 자료로 확인되는 바로는 김상옥金相玉(1889~1923) 의사 사건으로 추측된다. 김상옥 의사는 1923년 1월 12일 밤 종로경찰서에 폭탄을 던지고 은신했다. 일본 경찰은 집중적인 조사와 수색 끝에 김상옥의 은신처를 포위했다. 김상옥은 권총을 들고 치열한 항전을 벌이다 결국 자결해 순국했다. 일본 경찰은 관련자로 김한金翰(1888~1938), 이혜수李惠受(1891~1961) 등을 체포하고 고문하여 자백을 강요했다. 1923년 5월 12일 피고인 8인에 대한 공판이 시작되었는데, 이혜수 등은 고문 때문에 법정에 올 수 없었다. 이 공판에 김병로·허헌·이승우·김용무·김태영 전원이 다른 변호사들과 함께 변론에 참여했다. 이들은 피고인들과 연대하여 조선독립의 당위를 논변하는 법정투쟁을 전개했다. 김병로는 아래와 같이 소리 높여 조리가 있는 가장 열렬한 변호를 했다.

조선독립을 희망하는 사상은 조선인 전체가 가진 것이다. 피고 등의 한 일을 보면 김상옥으로 말하면 삼판동에서 다무라田村 순사를 죽였고, 계속하여 몇 사람의 경관을 상하게 하였으므로 사실이 표현된 죄상이라 할지나, 그 외에 현재 법정에 나타난 피고 등은 자기의 사상으로는 그 주의에 공명되고 계획상 어떠한 일을 혹 가담하였다고 할지나, 사실을 이천만의 조선 민족이 독립사상을 가진 것과 같은 사상에 지나지 못하는 바임은

김상옥 사건에 대한 김병로의 변론(『조선일보』 1923년 5월 14일)

경찰서와 검사국의 기록을 보아도 명백한 사실이다. 그런데 이것을 정치의 변혁을 도모함이라 하여 제령 7호 위반이라고 법에 처하다 하면, 이것은 제령 제7호라는 법을 구성하여 양민을 억지로 법의 그물에다가 잡아넣은 것이나 조금도 다름이 없을 뿐이다. 이것을 감독관이 색안경으로 인민을 대해 억지로 처벌하는 데 지나지 못하는 바이니 일본 국가에 대하여도 치욕이 아닌가 의심하는 바이다.

김병로의 대담한 변론은 언론에 대서특필되며 전 조선인의 주목을 받았다. 1923년 5월 17일 제2회 공판에서 변호사 허헌은 "김한이 사회주의자임은 인정하나 민족주의자와는 모순되는 것이니 무죄"라고 변론했다. 피고인 김한은 "비판적 사회진화론의 입장에서 인간의 자유와 개성

추구, 생존 유지를 위한 조선인들의 노력을 일제가 유린하는 것과 차별 대우 등을 통박하며, 무정부주의자의 입장에서 식민지하 조선인의 운명을 진술하여, 행위의 정당성은 물론 조선 독립의 필연성"을 주장했다. 김병로는 형사변호공동연구회 회원들과 함께 이전 재판과는 차원이 다른, 조선독립의 당위성을 논변하는 법정투쟁을 전개하여 본격적인 항일 변론의 시대가 열렸음을 세상에 알렸다.

이처럼 형사변호공동연구회는 창립 이후 국내 중요 사건으로 3·1운동 이후 각지에서 전개된 독립만세사건, 6·10만세 사건, 조선공산당 사건, 원산총파업 사건, 광주학생운동 사건, 상하이 대한민국임시정부 요인에 관한 사건으로 안창호·여운형 등에 대한 치안유지법 위반사건, 국외의 독립운동가에 관한 사건으로 정의부의 연통제聯通制 사건, 간도공산당 사건 등 국내와 국외, 사상과 이념 등을 불문하고 항일민족운동과 관련된 여러 사건을 연구하여 공동으로 대응했다.

이상에서 보듯이 항일변호사들이 참여한 일제강점기 항일법정투쟁의 이면에 김병로가 주도적으로 참여했던 형사변호공동연구회가 자리 잡고 있었다. 즉 형사변호공동연구회는 일제강점기 항일변호사들이 수행한 '항일변론의 구심점' 역할을 했다고 볼 수 있다. 이러한 항일변호사들의 팀워크는 희생정신과 동지적 연대의 기반 위에 실질적인 항일변론을 가능하게 했다는 점에서 그 의의가 지대하다. 김병로는 이후 형사변호공동연구회의 회원들과 본격적 항일변론에 뛰어들었다.

식민지 법정에서
조선 민중과 독립을 변호하다

조선 민중의 권익을 위한 투쟁

암태도 소작쟁의 사건 변호

전남 신안군 암태도岩泰島 소작쟁의는 식민지 시기 대표적인 소작쟁의로 알려져 있다. 목포에서 배로 약 1시간 30분정도 떨어져 있는 암태도의 소작농민들이 지주 문재철文在喆과 그를 비호하는 일제에 대항하여 1923년 8월부터 1924년 8월까지 약 1년이 넘는 기간에 걸쳐서 전개한 농민항쟁을 말한다. 이 역사적 사건에서 김병로는 변호사로 재판에 참여했다.

1923년 8월 고율의 소작료에 신음하던 농민들은 소작료 인하 등 요구사항을 내걸며 추수를 거부하고 불납不納운동을 벌였다. 지주는 농민들을 개별로 회유했고 경찰은 지주 편을 들며 개입했다. 1924년 3월 소작인들은 4월 15일에 열리는 전 조선노동대회에 대표를 파견하려고 했으나 경찰에 저지당했다. 5월 22일에는 급기야 문재철 부친의 송덕비를 무너뜨리며 문재철이 동원한 청년들과 난투극을 벌였다. 이 사건으로 농민 50여 명이 일본 경찰에 체포되었고, 이 가운데 소작회 간부 13명이 송덕비 파손을 주도했다는 혐의로 목포경찰서에 구속되었다. 암태도 소작인들과 주민들은 면민대회를 열고 목포에 진출하여 항쟁했다. 1924년 6월 400여 명의 농성단은 목포경찰서 마당에서 밤을 새우며 투쟁했다. 이튿날은 목포지청 법원마당에서 밤을 새우면서 일제 검찰을 상대로 구속자 석방시위를 벌였다. 7월에는 600여 명이 배를 타고 목포로 건너와 법원마당에 집결하여 아사동맹餓死同盟을 맺고 단식투쟁에 들어갔다. 이즈음 암태도 소작쟁의는 언론과 사회단체의 주목을 받았다. 전국에서 농민·노동자의 성원이 쏟아졌고, 각 신문에서는 연일 관련 기사가 게재되었다.

이에 조선노동총동맹은 조선인변호사협회와 접촉하여 무료변론을 요청했으며, 김병로가 담당 변호사로 지정되었다. 그리고 9월 8일, 피고인 13명에 대한 공판이 시작되었다. 김병로는 서울에서 형사변호공동연구회 회원 김용무와 김태영을 대동하고 내려가 관련 피고인들을 변론했다.

『동아일보』 필화사건 변호

1926년 3월 5일 『동아일보』는 소련에 있는 국제농민회본부가 3·1운동 7주년을 맞아 조선 농민들에게 전해달라고 보내온 전문電文을 게재했는

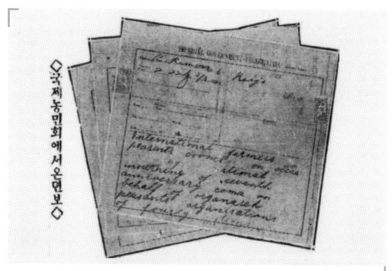

국제농민회에서 발송한 전보(『동아일보』 1926년 3월 5일자)

데, 전문 가운데는 다음과 같은 구절이 들어 있었다.

이 위대한 날의 기념은 영원히 조선 농민에게 그들의 역사적인 국민적 의무를 일깨울 것으로 믿으며, 자유를 위하여 죽은 이에게 영원한 영광이 있을지어다. 현재 재감在監한 여러 동지와 분투하는 여러 동지에게 형제적인 사랑의 문안을 드리노라.

조선총독부는 1919년 3·1운동을 기념한 이 글을 실은 3월 5일자 『동아일보』에 발매금지 처분을 내렸다. 『동아일보』는 문제된 부분을 삭제하고 '호외號外'로 이 날짜 신문을 다시 발행한 후 3월 6일자까지 무사히 발행했는데, 6일 오후에 돌연 조선총독부에서 발행정지 처분이 떨어졌다. 일제는 종로경찰서를 통해 동아일보사에 발행정지 명령을 전달하는 한편, 고등계 형사 5~6명이 편집국을 수색하여 문제된 전보電報 원문을 압수해갔다. 그리고 다음 날은 주필 송진우宋鎭禹, 편집 겸 발행인 김철중金鐵中, 기자 고영한高永翰 등을 종로서에 호출하여 전보 입수 경로와 그 기사가 보도되기까지의 경위를 조사했다. 며칠 뒤에는 경성지방법원 검사국이 사건을 맡아 위의 세 사람을 불구속으로 취조한 끝에 송진우는 보안법 위반, 김철중은 신문지법 위반 혐의로 기소했다. 이 사건의 공판은 3월 24일과 4월 1일에 열렸는데, 재판부는 검사의 구형대로 송진우에게는 징역 8개월, 김철중에게는 금고 4개월을 언도했다.

이 재판에서 김병로는 김용무·허헌·이창휘·이인 등과 함께 변호를 맡았다. 김병로는 송진우와는 어린 시절부터 막역한 사이였을 뿐만 아니라 『동아일보』와도 관계가 있었다. 그러나 그의 변론에도 9월 8일 열린 경성복심법원 판결에서 같은 언도가 내려졌고, 경성고등법원은 11월 8일 상소 기각판결을 내렸다. 이 무렵에는 이와 같이 행정처분과 동시에 관련 언론인을 실형에 처하는 사법처분이 병행되었기 때문에 형무소에 들어가는 언론인이 많았다.

옥구 소작쟁의 사건 변호

1927년 11월 전북 옥구군 서수瑞穗에서 일어난 소작쟁의 사건은 전북 옥구의 일본인 식민농업회사인 이엽사二葉社 농장 소작농민들이 옥구농민조합을 중심으로 이 농장과 이를 비호하는 일제에 대항해 투쟁한 농민항쟁이다. 이 항쟁으로 소작농민 80여 명이 군산서에 붙잡혔으며, 수사 과정에서 34명이 소요 및 구금자 탈취죄로 기소되었다. 1928년 2월 1일 전주지방법원 군산지청에서 공판이 개정되었는데 군산지청 사상 가장 규모가 큰 소작쟁의 사건이었다.

당시 항쟁을 주도했던 인물로 꼽힌 장태성張台成(1909~1987)의 죄목은 협박 및 명예훼손이었다. 소작쟁의에 걸맞지 않은 죄목이었으나 일제는 이엽농장 지배인의 명예를 훼손하고 협박성 광고를 붙였다며 그러한 죄목을 달았다. 이에 대해 장태성은 사실관계를 일체 부인했다. 나머지 농민 33명도 폭행 및 소요를 부인하고 단지 장태성이 서수주재소에 잡혔을 때 400~500명의 농민이 가서 그를 데려오는 광경을 보았을 뿐이라고 답변했다.

김병로는 공판 과정에서 "이 사건이 발단된 피고 장태성의 체포 사유를 분명히 하지 않고는 사건 진상을 포착할 수 없다"고 주장하면서 당시 장태성을 체포한 순사들을 증인으로 신청했다. 그러나 재판장은 증인 신청을 각하하고 검사에게 논고와 구형을 하라고 요구했다. 담당 검사는 광고지의 필적이 검사국에서 장태성이 쓴 필적과 동일하고, 따라서 명예훼손적인 게시물은 장태성이 작성한 게 틀림없다고 주장했다.

또한 33인의 피고들은 사실을 부인하나 다른 피고들의 진술로 증명되고, 공판정에서 부인하지만 경찰서 또는 검사국에서 모두 자백했으므로 그 사실에 대해서 의심할 바가 없다고 주장했다. 검사는 34명 전원에게 징역 1년에서 6개월을 구형했다. 이어서 변호인들의 열정적인 변론이 있었고, 일반 방청인들 사이에서 찬사가 쏟아졌다. 그 가운데 압권은

옥구 소작쟁의에 대한 김병로의 변론(『동아일보』, 1928년 2월 4일자)

김병로의 변론이었다.

조선 민중에 관한 형사범죄사건을 보면 그 태반이 사상범이나 정치범이
니 이것을 근본적으로 해결하지 아니하고 제1착에는 경찰의 폭압으로,
그다음으로 형사재판에 부쳐 그것을 해결코저 하니, 뒤집어 생각하여본
다면 민중으로 하여금 죄를 짓게 하는 것은 실로 경찰이다. … 장태성의
광고지에 대한 사건은 본인이 그것을 부인할 뿐만 아니라 본인이 그것을
하였다 하더라도 조선문의 해석상 결단코 협박이 아니다. … 빈궁한 농
민을 폭압으로만 대하면 천하 일이 다 될 줄 아느냐. … 당시 400~500명

농민이 장태성을 주재소에서 데려왔는데 지금 와서 34인을 잡아다가 법정에 서게 하니 이것은 흡사 제비를 뽑아서 죄를 주는 격이다.

『동아일보』는 김병로가 위와 같은 변론을 전개할 때는 "입추의 여지도 없는 방청석이 쥐죽은 듯 고요"했고 "씨의 독특한 변론을 토하여 무죄를 주장하매 방청석에 잘한다고 소리를 치는 사람도 있었다"고 법정의 풍경을 전하고 있다. 결국, 이 사건은 징역 1년 1명, 10개월 3명, 8개월 8명, 6개월 6명, 4개월 13명이 내려졌다. 4개월을 받은 13명은 집행유예 2년으로 풀려났다.

단천 농민 학살사건 조사

1930년 7월 20일 함남 단천端川에서 농민 등 군민 2,000여 명이 단천경찰서로 몰려들었다. 그리고 그들이 삼림조합의 폐해에 항거하다가 붙잡힌 구속자 석방을 요구하자 일본 경찰은 무차별 발포로 맞섰다. 일본 경찰의 발포로 16여 명이 총상을 입고 사망했고 20여 명의 중상자가 발생했다. 단천의 삼림조합 반대운동은 1919년 3·1운동 이후 가장 많은 인명 피해를 낸 대규모 대중 투쟁이었으며 단천 지방뿐만 아니라 전국 각지의 농민운동이 혁명적 농민조합 운동으로 전환하는 데 중요한 계기가 된 투쟁이었다.

일제는 단천 농민봉기의 배후 주동자를 전국 각지에서 혈안이 되어 집요하게 검거해서, 가혹한 탄압을 가하고 무려 20여 명을 검사국에 송치했다. 곧바로 신간회 단천지회에서는 그 사실을 신간회 본부에 보고

했고, 김병로는 곧바로 이를 중대사건으로 인식하고 상임위원회를 개최하여 조사에 착수할 것을 결정했다. 그리고 본부 중앙상무집행위원이며 신간회 전 단천지회장인 이주연을 단천에 파견하여 사건을 조사하도록 하며 농민들을 옹호하고 지원했다. 신간회 중앙본부는 단천 사건의 진상을 조사해서 농민운동을 지원하기 위해 김병로와 김진국金振國을 현지에 파견했고, 두 간부는 4일간이나 체류하면서 현장을 일일이 답사했다.

김병로는 부상자들이 입원한 병원을 심방하여 일일이 이름과 부상 정도를 묻고 위안의 말을 남기고 단천경찰서를 방문하여 사건의 진상을 들었다. 그리고 그 후에 "처음 사건을 일으킨 책임은 농민들에게 있다 하더라도 경찰이 이것을 예방하지 못한 것과 위협 공포는 좋으나 실탄을 발사하여 10여 인을 살상했다는 것은 중대한 책임이 있음을 강조하고, 더욱 도피하는 농민에게 총격을 가했다는 것은 명백한 범행이라고 힐난"했다. 그뿐만 아니라 단천군수도 방문하여 군수가 불상사를 예방하지 못했다는 자책의 진술을 받아냈고, 함경남도경찰부 고등과장과의 대화에서도 "단천 경찰에서 농민 10여 인을 살상했다는 것이 분명한 이상, 경찰에서 반대 증거를 제시하지 아니하면 그 책임을 면할 수는 없는 것"이라고 주장했다. 그럼에도 단천 사건으로 붙잡힌 다수 관련자들은 1931년 함흥지방법원에서 전원 유죄 판결을 받았다. 이 무렵 김병로는 변호사 징계처분을 받아 변호사로 나설 수 없었다.

무장독립운동 사건 변호

김시현 등 의열단 사건 변호

1923년 초 의열단은 조선총독부 등 일제 관공서를 파괴하고 총독 등을 암살할 계획으로 폭탄 반입 계획을 추진했다. 상하이에서 제조된 폭탄을 중국 단둥현安東縣을 거쳐 서울로 운반하기로 했고, 그 실행을 담당한 사람이 바로 김시현金始顯이다. 이때 김시현은 황옥黃鈺 경부警部를 포섭하여 동지 결합을 맺고 함께 폭탄 반입 일을 수행했다. 그러나 일본 경찰에 매수된 단원의 밀고로 사전에 발각되어, 서울에 도착한 김시현·황옥을 비롯해 홍종우洪鍾祐·유석현劉錫鉉 등 12명이 체포되고 폭탄 18개가 압수당했다. 그래서 이 사건은 '황옥 경부 폭탄사건' 또는 '김시현·황옥 사건'이라고 불린다. 2016년 개봉된 한국 영화 〈밀정〉의 소재가 된 사건이기도 하다. 이 사건은 폭탄의 규모와 그 대담성 그리고 현직 경찰이 연루된 점 등으로 국내외의 주목을 크게 받았다.

김시현(『동아일보』 1923년 4월 12일자, 호외)

황옥 경부(『동아일보』 1923년 4월 12일자, 호외)

그런데 1923년 8월 경성지방법원에서 개정된 공판에서 황옥은 "김시현과 함께 폭탄 반입을 도운 것은 의열단 검거를 위한 단독 비밀 작전"이었다고 주장해 일본 경찰과 의열단원들을 경악시켰다. 반면 김시현 등 의열단원들은 자신의 활동은 인정하며 끝까지 의연한 모습을 보였다. 사건이 사건인 만큼 조선 국내에서 김병로를 비롯한 약 11명의 변호사가 참여한 변호인단이 조직되었다. 이인에게 이 사건은 그가 항일독립운동에 대해 변호한 첫 사건이었다. 변호사 최진崔鎭 등은 감형론을 폈고, 김병로 등은 무죄론을 폈다.

김병로는 "조선 민족의 참상과 이번 사건이 일어난 동기를 말하고 총독부 당국의 행정에 대해 공격을 시작한 후" 무죄론으로 귀결시켰다. 일본에서 의열단 사건을 변호하기 위해 온 후세 다쓰지布施辰治는 이 사건의 배경을 "독립운동에 대한 교활한 형사대책"으로 보고, 그 외 피고인들은 "조선인을 위한 초월적인 인격, 독립의 사상을 가진 이들"이라며 공정한 재판을 촉구했다. 1923년 8월 21일 선고에서 전원에서 유죄가 선고되었으며 피고들은 항소를 취하하고 복역했다. 황옥 역시 그의 주장을 받아들이지 않아 복역했다.

정의부 오동진 사건

1925년 1월 만주에서 결성된 정의부正義府와 1926년 4월 창당한 고려혁명당高麗革命黨의 오동진吳東振이 1927년 12월 일본 경찰에게 체포되어 국내로 압송되었다. 김병로와 이인이 함께 신의주지방법원에서 변호했다. 김병로가 오동진의 변론에 참여하게 된 것은 이인과의 인연 때문이다. 이인은 1928년 이른 봄에 알 수 없는 신원 미상의 엽서를 받았는데 소인을 보니 신의주 우체국이었다. 이때 이인은 만주에서 활약하던 정의부 군사위원장 오동진이 체포되었다는 소식을 듣고서 김병로에게 제안하여 함께 신의주로 갔다. 과연 공판정에 나온 인물은 오동진이었다. 오동진은 인정신문을 하려는 재판장에게 함자를 함부로 부른다고 항의하고 오히려 재판장을 심판하기 위해 그에게 돌진했다.

간수에 의해 피고석으로 끌려 내려온 오동진은 신문에는 일체 응하지 않고 묵비권을 행사했다. 당황한 재판부는 김병로와 이인을 불러 공판이 진행될 수 있도록 도와달라고 사정했다. 이에 김병로와 이인은 오동진을 만나 설득했고, 그의 허락을 받고 공판이 진행될 수 있었다. 다만 김병로가 오동진 공판에 참여한 것은 이인의 회고록에서만 언급되었을 뿐 신문자료 등에서는 확인하기 어려운데, 고려혁명당 사건에 김병로가 변호사로 참여한 것을 보면 개연성은 있다고 생각한다.

김병로와 이인의 노력에도 오동진은 1932년 3월 신의주지방법원에서 '제령7호위반·치안유지법위반·강도·살인·방화' 등의 죄명으로 무기징역을 언도받았다. 그는 경성형무소와 공주형무소에서 복역했으며 1934년에 20년으로 감형되었으나 17년 동안 옥중 생활 끝에 조국의 광복을 보지 못한 채 1944년에 옥사하고 말았다.

사회주의운동 사건 변호

조선공산당 사건

1925년 11월 22일 신의주 시내 경성식당이라는 음식점에서 폭행사건이 일어났다. 회식을 하던 두 그룹 사이에 싸움이 벌어진 것이다. 한 그룹은 신의주의 가장 영향력 있는 합법 청년단체인 신만新灣청년회 회원 약 20명이었다. 다른 그룹은 변호사·의사 등 신의주 유지와 신의주경찰서 소속 경찰관 2인 등 5명이었다. 별도의 내실에서 술과 음식을 나누고 있었는데, 사소한 꼬투리가 집단 폭행으로 발전했다. 신만청년회 회원들이 일방적으로 다른 그룹을 집단 구타했다. 신의주 경찰들은 격노했고, 총출동하여 보복 수사에 나섰다.

이 과정에서 신만청년회원 김경서金景瑞의 집에서 고려공산청년회高麗共産青年會 중앙집행위원회의 회원 자격과 함께 통신문 3통이 발견되었다. 그 출처를 확인하니 『조선일보』 신의주지국 기자 임형관林亨寬에게서 맡아 보관했다고 진술했다. 임형관을 조사하니, 그 문건은 경성의 박헌영朴憲永에게서 상하이로 우송해달라는 의뢰를 받은 것이라고 했다. 이를 계기로 단순한 폭행사건이 대규모 비밀결사 사건으로 전환되었다. 이른바 '제1차 조선공산당 검거사건'이 터진 것이다. 신의주경찰서와 서울 종로경찰서가 합동으로 고려공산청년회 관련자들을 일제 검거하기 시작했다. 검거의 회오리바람이 전국으로 불어 닥치면서, 12월 12일 치안유지법 위반, 명예훼손 등으로 박헌영 등 44명이 신의주지방법원에 송치되었다. 수사 과정에서 박헌영 등이 1925년 4월 17일 서울에서 조선공산당을 결성한 사실이 발각되어 제1차 조선공산당 책임비서 김재봉 이하 30여 명이 검거되었다.

제1차 조선공산당은 이렇게 일제의 탄압으로 붕괴되었지만, 조선공산당은 강달영姜達永을 후계당조직의 책임자로 해서 조직을 재가동했다.

그런데 1926년 4월 25일 순종純宗이 훙거했다. 전국에서 애도의 분위기가 점증하자, 조선공산당은 권오설權五卨을 중심으로 3·1운동과 같은 대규모의 만세시위를 계획했다. 이른바 '6·10만세운동'이다. 그러나 만세시위가 일어나기 직전인 같은 해 6월 5일 '불온문서'가 발각되었다. 문서 인쇄소를 중심으로 취조하던 경찰은 6월 7일 권오설을 체포했다. 이어 대대적인 사회주의자 검거 선풍이 불었다. 이를 '제2차 조선공산당 사건'이라 한다. 이들 모두는 종로경찰서와 신의주경찰서 경찰관에게서 혹독한 고문을 받았다.

조선총독부는 1차 조선공산당과 2차 조선공산당의 조직적 연관 등을 고려할 때 동시에 심리하는 것이 편리하다고 판단하여 7월 12일에 신의주지방법원의 1차 조선공산당 사건을 경성지방법원으로 이송했다. 예심 종결 결정은 1차 검거 후 무려 두 해가 지난 1927년 3월 31일이고, 8월 22일 추가 검거자의 예심도 종결되었다. 공판 직전까지 검거된 인원은 220여 명이었으며, 공판에 회부된 인원이 101명이었다. 이 때문에 이 재판을 '101인 사건'이라고 부르기도 했다.

1927년 9월 13일 공판이 시작되자 언론은 "천하를 용동聳動한 조선공산당 대공판", "기미운동 이후 조선 초유의 비밀결사 사건" 등으로 대서특필하고, 105인 사건, 3·1운동 주역 48인 재판과 함께 '조선의 3대 사건'으로 불렸다. 공판은 1927년 9월 13일 시작되어 이듬해인 1928년 2월 13일까지 총 48회에 걸쳐 진행되었다. 유례없이 첫 체포에서 공판 개시일까지 22개월이나 걸렸으며, 그 과정에서 극심한 고문으로 이미 옥사한 피고인도 있었고 심신의 상태가 중증이라서 분리 심리해야 했던

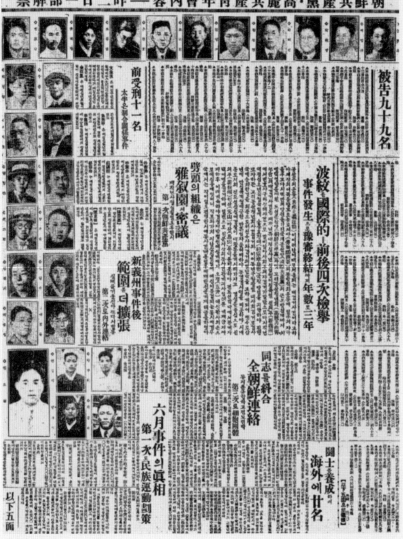

조선공산당 사건 보도 기사(「동아일보」 1927년 4월 3일자)

피고인도 여럿 있었다.

김병로를 중심으로 최강의 변호인단이 꾸려졌는데, 모두 28인이나 되었다. 당시 '사상사건' 변호에 열성적으로 임했던 변호사들이 총집결했다. 조선인 변호사뿐만 아니라, 일본에서도 탁월하고 영향력이 컸던 일본인 변호사들이 경성에 와서 직접 변론에 참여했다. 이 사건에서 변론을 주도한 조선인 변호사는 김병로·허헌·김태영·이인 등이었고, 일본인 변호사는 후세 다쓰지, 후루야 사다오古屋貞雄 등이었다. 특히 이인은 후세 다쓰지에게 편지를 보내 공판 진행 상황을 자세히 알리고 소송전략을 숙의했다.

김병로를 비롯한 변호인단은 서대문형무소를 방문하여 일일이 피고인을 접견하고 건강을 살피는 한편 향후 공판투쟁에 대해서도 의논했다. 공판 진행 과정에서 변호인단은 검사와 재판부 등과 시종 날카롭게 대립했다. 검사의 공판 공개금지 문제, 경찰관의 공판 필기 문제 등을 연일 제기하며 사법권 침해라고 재판부를 압박했다. 1927년 10월 16일에는 고문을 자행한 종로서 고등계 형사들을 폭행·능학·독직죄로 고소했다. 11월 19일에는 증인신청 등을 각하한 재판부에 대해 김병로 등은 재판부 기피신청으로 맞섰다.

한편 변호사들은 무료변론을 했을 뿐만 아니라 보석보증금을 마련해 주기도 하고 구속자의 가족을 보살피는 등 인간적 도움도 아끼지 않았다. 특히 김병로를 비롯한 형사변호공동연구회의 회원 변호사들은 전과정을 주도적으로 이끌었다. 이러한 변호인단의 활동에 대해, 조선과 일본 등지의 각계 단체와 시민들의 성원이 답지했고 격려문도 쇄도했다. 나아가 조선총독과 사법부, 경찰에 대한 항의문을 전달하는 움직임이 속출했다.

일본인 변호사들은 공판 이전 단계부터 조선 변호사들과 긴밀한 연락을 해왔으며, 변론의 방법 및 수위에 대해서도 사전에 치밀히 검토했다. 또한 변론을 통해 얻은 사실과 재판의 경과·문제점을 일본 언론에 널리 전파했다. 이 재판에서 보여준 조선과 일본 변호사의 인적 유대감과 조직적 연대는 전무후무한 모범 사례였다.

이 사건에 관계한 변호인들이 단순히 변호사로서의 사명감에서 피고인들의 인권을 옹호하기 위해 변론에 임한 것만은 아니었다. 조선공산당 사건은 사상사건이 아니라, 민족독립운동을 쟁취하기 위한 일환이었기 때문이다. 그래서 이 사건의 「판결문」에도 "피고 등은 일찍부터 사회운동에 참가하여 그 태반은 본래 공산주의에 공명하고 또는 조선민족주의자에서 공산주의로 전화한 자"라고 하면서, "조선민족해방운동에 대하여는 도저히 소기의 목적을 달성하기 불능함을 깨닫고 순수한 민족해방운동과 대립하여 조선 민족 해방 관념에 공산주의사상을 혼화混和한 일종의 공산주의운동을 감행"했다고 했다. 다시 말해 민족독립을 달성하기 위해 공산주의사상을 도입했던 것이다.

고려혁명당 사건

1926년 12월 28일 이동락李東洛은 만주 장춘에서 불심검문에 걸려 소지하고 있던 「고려혁명당선언서」와 강령·규약·맹약 등의 문건과 양기탁 등 6인이 연서한 「고려혁명당발기록」까지 압수당했다. 이동락이 자백한 뒤, 만주와 서울 등지에서 이동구·정이형·송헌·유공삼·김봉국 등이 체포되었다.

1927년 12월 19일에 신의주지방법원에서 피고 15명에 대한 제1회 공판이 열렸다. 신의주 겨울바람으로 살을 에는 극한이었지만, 공판정에는 관련자들의 가족들이 몰려들어 방청석은 입추의 여지도 없었다. 변호사로는 서울에서 온 이인과 지역 변호사 최창조·이희적이 참석했다. 그러나 공판은 개정 벽두부터 파란을 일으켰다. 재판장이 개정을 선언하고 인정신문을 시작하자, 공소장의 이름이 틀리다고 몇몇 피고인들이 함구하면서 심문에 응하지 않았던 것이다. 당시 만주를 넘나들던 지사들은 변성명을 하기가 일쑤요, 어떤 이는 이름이 열도 넘었으니 어느 것이 본 이름인지조차 분별하기가 어려웠다.

1928년 2월 9일에는 제2회 공판이 열렸는데, 김병로는 이때부터 변호사로 참여해 가세했다. 재판장은 피고들이 다수일 뿐 아니라 취체상 필요하다는 이유로 모두 수갑을 채우고, 다만 한 사람씩 신문할 때만 수갑을 풀겠다고 했다. 무장독립운동가들이 탈출하거나 외부에서 탈출 원조가 있을까 하는 재판부의 불안도 있었다. 그러나 김병로는 공판정에서 피고의 신체를 구속하는 것은 인권 침해라고 강하게 항의했다. 김병로는 피고의 신체를 구속하느니 차라리 감시인원을 증원할 것을 요구했다. 재판부는 잠시 퇴정했다가 감시인원인 간수가 부족하여 위험한 일이 생기면 안 되니 공판을 연기한다고 했다.

간수가 부족하다는 이유만으로 공판을 연기하는 것은 재판의 무성의라는 비난이 높았다. 이 사건의 피고인들은 벌써 미결상태로 2년이나 갇

고려혁명당 사건의 변호인 및 피고인 가족 등(『동아일보』 1928년 3월 21일자)
원 안의 좌측 첫 번째가 김병로다.

혀 있었다. 또한 이런 우스운 이유로 공판을 연기하는 것은 어처구니없는 일이었으며, 서울에서 신의주까지 무료변론을 자처하며 비용을 들여서까지 재판에 출석한 김병로 등 변호사들을 괴롭히는 행위였다. 이후 제3회 공판에서는 김병로의 항의가 받아들여져서 피고들에게 더 이상 수갑을 채우지 않았다.

제5회 공판에서 최종진술이 있었다. 변호사들은 열렬히 변호했다. 첫 변론은 이인이 시작했는데, 그는 재판장과 검사에게 하나의 부탁을 먼저 했다. 혹 귀에 거슬리는 말이 있더라도 노하지 말라는 것이었다. 예고를 한 후 이인은 열렬한 변론을 토했다. 그런데 변론 도중에 검사가 벌떡 일어나 이인의 변론이 지극히 불온하다며 말을 잘랐다. 재판장은 변론을 중지시키고 잠시 퇴정했다가 출정하여 "이인 변호사의 변호는 불온하다"고 인정하고 변호를 중지시켰다. 김병로는 이에 대해 어떤 내용이 부당한지 묻고, 먼저 주의를 준 후에도 논조를 고치지 않으면 그때 중지를 할 것이지 처음부터 곧바로 변론 중지를 한 것은 재판도덕을 너무도 무시한 것이라고 항의했다.

이인의 변론 중지에 대해 이와 같이 항의한 다음, 김병로는 "본 건을 치안유지법 위반에 적용한 것은 법리상으로 보아 크게 잘못된 것이다. 사건 내용으로 보아 피고 등의 행위가 결코 범죄를 구성하지 아니함으로 무죄를 주장한다. 피고들의 행위는 일본을 대상으로 한 것이 아니라 전 세계의 ○○을 달성코자 한 것이다. 가령 전 세계 사람을 다 죽이려고 한 사람이 있었다 할지라도 그를 살인미수죄로 벌할 수가 없다"고 통렬히 비판했다. 이 사건에 대한 제1심 판결은 1928년 4월 20일에 내려졌다. 제1심에 불복하여 평양복심법원에서 항소심 판결이 내려진 것은 1928년 10월 18일이었는데, 15명 중에서 1심에서 2인이 무죄 판결을 받았고 항소심에서 다시 2인이 무죄판결을 받았다.

개성공산당 사건

1928년에 조직이 발각된 개성공산당 사건은 조직의 규모와 그 활동 방법에서 일제를 경악케 했으며 사법관들도 놀라움을 금치 못할 정도로

개성공산당 사건 공판에 입정하는 피고들의 모습(「동아일보」 1929년 10월 22일자)

규모가 컸던 사건이다. 개성공산당은 조선농인사朝鮮農人社 산파역인 모스크바공산대학 출신의 김정환이 중심이 되어 1927년 11월 7일 오후 8시에 개성 만월정滿月町에서 원점룡·박동수·이태영·김점봉·김수창 등이 조직했다. 이후 원점룡 등은 1928년 11월 20일에 개성계몽학원에 모여서 원점룡의 발의로써 "개성공산당이라는 명칭은 너무도 지방적 편협적 의미"가 있다는 이유로 당명을 개칭하여 제4적색대중당으로 고치고 조직을 개편했다.

1928년 11월에 김봉철이 인천경찰서에 붙잡혀 사건이 발각되자, 사건에 관계된 나머지 관련자들도 검거되었으며 그중에서 관련자 12명은 경성지방법원 예심이 종결되었다. 개성공산당(일명 제4적색대중당) 당원 김봉철 이하 12명에 대한 치안유지법 위반 및 출판법 위반, 방화사건의 제1회 공판이 21일 경성지방법원 제4호 법정에서 개정되었는데 김병로는 이인·이창휘·한국종 등과 함께 변호사로 참석했다. 이 공판은 1929년 봄 간도공산당 사건 공판 이후로는 처음 있는 공산당 사건의 공판이었기 때문에 자못 긴장감이 있었다. 1929년에 개성공산당 사건이 예심이 종결되어 김봉철 등 11명은 치안유지법 위반 및 방화죄로 기소되고 김수정은 증거불충분으로 면소되었다. 개성공산당 사건 관계자 김봉철·서원표·장삼득·양준규·변덕주·이종익 등 11명은 경성지방법원에서 징역 7년에서 최하 1년을 언도받았다.

간도공산당 사건

간도공산당 사건은 1927년 10월에 일어난 일련의 조선공산당 만주총국 검거사건을 말한다. 조선공산당 만주총국의 활동은 1927년 10월, 1928년 9월, 1930년 3월부터 5월까지 등 모두 다섯 차례에 걸쳐 검거되었다. 조선공산당 만주총국에서는 1927년 5월 1일 국제노동자의 날에 기념시위행진을 계획했는데, 이 시위에서 자신감을 얻은 만주총국에서는 1927년 10월 2일 '제1차 조선공산당 사건' 관련자들의 재판 날짜에 맞추어 대중시위를 조직할 계획을 수립했다. 그런데 그날 룽징龍井에 비가 내려 시위를 감행할 수가 없었으며, 다음 날의 시위계획을 위해 만주총국의 조직부장 최원택 등이 조선공산당 동만도구역국東滿道區域局의 책임자인 안기성의 집에 모여 있었다. 이를 탐지한 일제 검길은 회의장을 포위하고 이들을 모두 체포하는 한편, 검거망을 넓혀갔는데 이때 29명의 조직원이 체포되었다. 이를 '제1차 간도공산당 탄압사건'이라고 한다.

조선공산당 만주총국 책임비서대리 조직부장 최원택과 동만구역국 책임비서 안기성, 그 외 간부와 주요 당원들이인 이주화·현칠종·임계학 등이 영사재판領事裁判이 불완전하다는 이유로 조선총독부가 직접 나서면서 간도에서 서울로 압송되어 서대문형무소에 수감되었다. 조선총독부의 지휘하에 검사취조가 진행되어 28명이 공판을 받게 되었다. 이른바 '101인 사건'의 제1차 및 제2차 조선공산당 사건 관련자들이 검거되어 감옥에 있을 때였다. 조선공산당 사건의 변론을 맡은 변호사들 가운데, 김병로를 비롯하여 김태영·이인·한국종·한상억·허헌 등 7명이 변론을 분담했다.

1927년 11월부터 경성지방법원에서 예심이 진행되어 이듬해 5월에 종결되었고, 피고인들은 서대문형무소에 수감되어 있었다. 이 사건의 변호를 담당한 권승렬·허헌·김태영·한국종은 1928년 8월 6일 서대문형무소로 가서 사건 피고인들을 면회하고 공판에 관한 의견을 나누었다. 그런데 간도공산당 사건의 공판이 열리기 전까지 1만여 매나 되는 기록 등쇄료謄刷料로 2,000원이 필요했다. 이 비용에 대해 여러 가지로 생각한 결과 비용을 염출한 방법이 없어 각 변호사가 기록 원본을 열람한 후 중요 부분을 기록하여 기록등사에 대용하기로 해서, 매일같이 담당 변호사들은 기록을 열람해야만 했다. 그리고 이 사건은 김병로·허헌·권승렬·이인·한상억·한국종·김태영·이창휘 변호사가 이미 변호계를 제출했고, 일본 자유법조단에서 특파할 우에무라 스스무上村進 변호사도 오사카에서 도착하기로 되어 있었다.

이 사건에서 변호를 맡은 김병로는 "금번의 공개금지의 당국자의 의

간도공산당 사건 공판 피고인들 입정 모습(『매일신보』 1928년 11월 27일자)

견은 그 이유가 공안을 방해할 염려가 있나 함에 있으니 등 시긴의 내8
은 이미 신문에까지 널리 발표된 예심결정서나 또는 방청을 그대로 한
중에 검사의 공소사실에 그치는바 그를 공개한 이상 그 사실의 내용을

가지고 심리하게 된 사실 심리에서만 공개를 금지하는 것은 그 진의를 모르겠소이다. 더구나 일본에서는 그 같은 사건의 공판에 방청을 공공연히 허하는 이상 특히 조선에서만 그 같은 공판이 있을 때마다 방청을 금지하는 것은 그 이유가 어디에 있는가를 의심치 않을 수 없습니다"라고 하면서 일반 공개를 주장했다. 그러나 간도공산당 사건은 여전히 방청이 금지되었으며 엄중한 경계 속에서 진행되었다.

한편, 공판 과정에서 변호인과 검사 측이 가장 치열하게 법리 공방을 벌인 것은 신·구「치안유지법」의 적용 문제였다. 1928년 6월에 개정된 치안유지법은 제1조에 "결사의 목적을 수행하기 위한 행위"라는 새로운 조항을 신설하여 법의 적용 범위가 매우 넓어졌고 무엇보다 개정 전에는 최고 10년 이하의 징역 또는 금고였던 처벌 조항이 개정 후 사형, 무기 또는 5년 이상의 징역이나 금고형으로 크게 강화되었다. 그런데 간도공산당 사건으로 검거된 최원택 등 29명에 대해 일제 검사가 개정된 치안유지법을 적용했던 것이다.

이에 김병로를 비롯한 변호사들은 개정 전의「치안유지법」을 적용할 것을 주장했다. 왜냐하면 이 사건이 계속 중인 1928년 6월 29일자로「치안유지법」이 개정되었기 때문이다. 변호인들은 법리상 행위시법行爲時法이 적용되어야 한다고 주장했다. 간도공산당 사건 검거 당시「치안유지법」이 개정되기 전이었기 때문에 당연히 개정 전의 법을 적용해야만 한다는 것이다. 이는 법리상 너무나 당연한 일인데도 일제는 이 사건 피고인들에게 불리한 법을 적용했다. 변호사들은 비단 형법 제6조의 규정을 끄집어내지 않더라도 '형벌刑罰 불소급不遡及의 원칙'이라는 근대법의 대원칙상 이는 당연한 논리라고 주장했다.

또한 간도공산당 사건을 맡은 김병로 등 변호사는 공산주의와 사회주의의 차이와 현재 조선의 정세 등을 들면서 무죄임을 열렬히 주장했다. 1928년 12월 27일에는 1년 넘게 끌어오던 간도공산당 사건의 결심공판이 열렸다. 논란이 되었던 신·구「치안유지법」적용에는 재판부가 변호인들의 손을 들어주는 성과도 있었지만, 몇 명이 집행유예를 선고받았을 뿐 전원이 징역형 이상의 유죄판결을 선고받았다.

학생운동 사건 변호

광주학생운동 사건

1929년 10월 30일 나주역에서 광주로 통학하던 일본인 학생들이 조선인 여학생을 희롱했고, 이에 항의하는 조선인들을 폭행하면서 촉발한 항일학생운동 사건이다. 이후 광주에서 조선인 학생들이 11월 3일 제1차 가두투쟁과 11월 12일 제2차 가두투쟁 등의 항쟁을 전개한 것을 계기로 전남 지역은 물론 전국에 폭발적으로 확산되었다. 광주학생운동은 민족차별교육에서 발단하여 민족독립 만세운동으로까지 발전한 3·1운동 이후 최대의 항일운동이었다.

제1차 가두투쟁 다음 날, 광주고보 출신인 장재성張載性(1908~1950)은 신간회 광주지부 인사들과 향후 대책을 협의했고, 이를 통해 학생투쟁지도본부가 결성되었다. 또 신간회 광주지부에게서 상황을 보고받은 신간회 중앙본부는 중앙상임집행위원회 결의로 신간회 장성지부·송정

지부·광주지부에 긴급조사보고를 지시했다. 동시에 중앙집행위원장 허헌, 서기장 황상규, 회계 김병로 등 진상조사단을 11월 9일 오전에 광주로 급파했다.

김병로 등 일행은 곧바로 조사에 착수하여 일본인 중학교, 광주경찰서, 광주지검 검사정 등을 차례로 방문하여 책임자를 상대로 사실 조사에 들어갔다. 이때 김병로는 일본인 학생은 모두 석방하고 조선인 학생만을 구속한 이유와 내용을 따지며, 조선인 학생들을 즉각 석방하라고 주장했다. 그러나 김병로 일행의 활동과 노력이 있었는데도 다수의 학생들이 구속되었다.

광주학생운동과 관련하여 공판에 회부된 학생들은 전국적으로 3만여 명에 달했다. 구속된 광주학생들 가운데 188명이 예심에 회부되었는데 보안법 위반이 49명, 성진회醒進會 관련자가 38명, 독서회 관계자가 90명, 소녀회 관계자가 11명이었다. 보안법 관련 사건은 1930년 1월 29일 예심이 종결되고 나머지 치안유지법 관계는 1930년 7월 이후에야 예심이 종결되었다. 이에 따라서 학생들을 위한 변호인단을 구성하는 일도 시급했다. 이 사건의 변호를 위해 김병로를 비롯하여 권승렬·이인·김용무·이창휘·강세형 등 20여 명으로 변호인단을 구성했다.

1930년 2월 12일 광주지방법원에서 광주의 제1·2차 가두투쟁과 관련된 피고인 49인에 대한 폭력행위 등 처벌의 건, 보안법 및 출판법 위반 혐의로 첫 공판이 시작되었다. 2월 18일 경성에서 출발한 변호사는 김병로·이인·이창위·권승렬·강세형 등으로 2월 19일 공판에 참여했고, 학생들은 자신들의 행동이 일종의 정당방위였음을 역설했다. 2월

20일 공판에서 재판장이 보안법 위반과 치안유지법 위반에 대해서 유도신문을 하자 권승렬이 이의를 제기했다. 권승렬은 "재판장이 자문자답으로 범죄사실을 구성함에 필요한 것만 공술을 허용하고 공술의 자유를 주지 않는다"고 주장했다. 그는 피고들에 대하여 보충신문을 요구했으나, 재판장이 이를 거부하자 즉시 퇴장하는 것으로 항의했다.

심리가 끝난 후 검사의 구형이 있었다. 이어 이창휘·이인·김병로 등의 순으로 변호인들의 변론이 밤늦도록 진행되었다. 김병로는 변론에서 일정日政의 비인도성을 조선인으로서 좌시할 수 없음을 밝히고 검찰 당국의 편파성을 지적하여 사건이 조작되었음을 주장했다. 김병로는 "이 사건의 조작으로 인하여 전 조선에 파급된 수천에 달하는 학생의 희생에 대한 책임은 전적으로 광주검찰 당국이 져야 한다"고 강력히 항의하며 포문을 열었다. 이어 "이번 범죄 구성의 중요 죄로 하는 격문 내용이 과연 무엇이 불온한가. 그 내용에 있어서는 일본 무산정당의 선거 표어보다 오히려 내용이 온순한데 무엇이 불온이라고 하는가. 이와 같이 격문이 불온하지 않은 이상 출판법도 보안법도 도무지 걸리는 것이 없고 자기 학교 실습농장에 들어가는 것이 무엇으로 가택침입죄에 해당하는가. 조선의 통치 장래를 위하여, 특히 전도양양한 청년 학생을 위하여, 이에 당연히 전부 무죄판결을 내려 조선의 인심을 안정케 하라"는 논지로 장시간의 투쟁적 변론을 전개하면서 무죄를 주장했다.

김병로를 비롯한 항일변호사들의 노력에도 2월 20일 신간에서 포격 행위는 증거불충분으로 무죄를 선고하고 상해 및 가택침입, 보안법 및 출판법 위반으로 징역 및 금고형을 선고했다. 그리고 징역 및 금고 4월

이하를 선고받은 33명은 집행유예 5년이 부가되었다. 이 재판의 결론은 재판장의 유도신문에서 보듯이 이미 예정된 것이었다. 광주학생운동의 변호 활동 자체가 민족운동의 일환이었으며 광주 지역사회에서는 초미의 관심사였다. 이에 따라 광주 지역 사회운동가들과 지역 유지 및 학부형들은 2월 20일에 광주학생 사건 피고 49명을 변호하기 위하여 멀리 경성 등지에서 온 변호사와 광주의 변호사들의 후의와 노고에 감사를 표하기 위해 위로연을 열어주기도 했다.

경성여학생 만세사건

1929년 12월 초에 광주학생운동의 횃불은 경성으로 불이 번졌다. 각급 학교의 학생들은 격문을 살포하며 광주의 소식을 알리며, 투쟁에 나설 것을 호소했다. 학내시위를 전개했고 이를 저지하는 학교 당국에 대해 동맹휴학으로 맞섰으며, 가두로 진출하여 시위까지 감행하여 경찰관 충돌하는 사태가 일어났다. 일제는 보도관제, 엄격한 검열 나아가 아예 휴교를 시키는 등의 극단적 조치를 취했다.

이러한 상황 속에서 1930년 1월 15일 학생들은 격문 살포와 학내시위, 가두시위 등 조직적인 대규모 항쟁을 전개했다. 각급 여학교의 다수 학생들도 이 시위에 열성적으로 참여했다. 구호는 '학교는 경찰의 침입에 반대하자', '식민교육정책을 전폐시키자' 등이 있었고, 참가들은 '제국주의 타도 만세', '약소민족해방운동' 등의 깃발을 들고 행진했다. 1월 15일부터 1월 20일까지 피검자가 406명에 이르렀고, 그 가운데 135명이 여학생이었다.

경성 여학생들의 시위 경과와 배후
를 추적하던 일본 경찰은 각 학교의 운
동학생에 더하여 배후에 근우회槿友會
라는 여성운동조직이 개입했음을 확
인하고, 근우회의 간부로서 학생들과
연락하고 지시한 인물로 허정숙許貞淑
(1902~1991)을 확인했다. 이화여자고
보 대표 최복순崔福順은 허정숙의 격려
와 실행 방법상의 조언, 학교별 접촉명
단을 얻어가며 각 여학교의 대표 학생

수감 당시 허정숙(국사편찬위원회 소장)

들을 규합하여 일제히 행동으로 수행해나갔던 것이다.

1930년 1월 일본 경찰은 시위 배후자로 허정숙을 체포하기 시작하여
관련자 91명을 붙잡았다. 2월 20일 대부분의 피의자를 석방하고 허정숙
등 8인만 기소했다. 1930년 3월 18일 경성지방법원에서 피고인 8인에
대한 보안법 위반 혐의로 첫 공판이 개정되었다. 이 공판은 제한적으로
공개되었다. 김병로는 허헌이 옥중에 갇혀 있는 가운데, 그의 딸 허정숙
마저 재판을 받게 된 현실이 너무도 안타까웠다. 그는 이인·이창휘·한
국종·강세형·양윤식 등과 함께 변호인단을 꾸려, 이들과 함께 모든 논
리를 동원하여 열렬한 무죄변론을 했다.

김병로는 먼저 이 사건의 발단이 된 광주학생운동에 대한 의견을 개
진했다. 1929년 11월 3일 광주에서의 1차 가두투쟁이 있은 후 진상조사
를 위해 파견된 김병로는 자신의 조사 결과를 토대로 학생들을 옹호했

다. 실체적 근거 없이 조선인 학생만을 체포·검거한 것이 대폭발의 도화선이 되었고, 그 원인 제공자가 바로 검사였다는 취지였다.

그리고 김병로는, 광주에서 조선 학생들에 대한 압박과 차별에 분개하여 학생들이 일어난 것은 "자연히 본능적으로 발로한 동정의 의사표시"에 지나지 않는다고 주장했다. 또한 보안법 적용에 대해서 근본적인 문제를 제기했다. 김병로는 "원래 보안법이란 것은 구한국 시대에 제정된 법규로서 이 유물이 오늘 더욱 현존한 것부터 심히 기이하다"고 하면서, "어거지로 동 법에 의거 처단하면 본 건 피고인만에 한하지 않고 누구의 행동도 일체 제한하고 처벌할 수 있는 것과 같은 규정이며 시대에 걸맞은 것도 아니다"라면서 보안법 자체의 문제점을 짚었다. 계속해서 보안법이 적용되기 위해서는 '치안을 방해'할 것이 요구되는데, 이러한 여학생들의 행동 때문에 한 지방의 치안이 방해되었다고 생각되지 않는다고 했다. 따라서 기껏해야 이들의 행동은 미수범으로 다루어질 수 있을 뿐인데, 보안법 제7조는 미수범 조항이 없으므로 본 건은 처벌될 수 없다고 주장했다.

김병로를 비롯한 변호인 6명의 모든 논리적 항변에 대해, 재판부는 완전히 무시하는 입장으로 일관했다. 1930년 3월 22일 결심공판에서 피고인 모두는 보안법 위반죄로 유죄판결을 받았다. 허정숙은 징역 1년, 최복순은 징역 8월, 그 외 6인은 징역 6월에 집행유예를 선고받아 석방되었다.

여운형 사건

몽양 여운형呂運亨(1886~1947)은 동남아시아 각지를 순회하며 미국과 영국의 식민지정책을 성토하다가, 1929년 7월 6일 상하이 영국 관할 공동조계共同租界에 위치한 한 운동장에서 갑자기 일본영사관원에게 붙잡혔다. 그는 10일 가까이 상하이에서 취조를 받았고, 7월 15일 상하이를 출발하여 일본 나가사키長崎로 호송되었다. 다시 7월 17일 부산에 상륙해 곧바로 열차 편에 경성으로 압송되어, 밤부터 경찰의 취조를 받았다. 10여 일 후인 7월 29일 경성지방법원 검사국으로 이송되었다.

검사국에서 그에 대한 취조는 이례적으로 경성지방법원 사상검사는 물론 고등법원 사상검사까지 참여하여 진행되었다. 검사의 취조 과정에서 여운형은 의연한 모습을 잃지 않았다. 독립운동에 대한 입장을 묻는 질문에, "일본은 조선민족으로부터 착취만 위한 정치를 하고 있는 것이니 조선 민족은 살기 위해서 부득이 독립하지 않으면 안 될 것이다"라고 거침없이 답변했다. 또한 앞으로 "합법적으로 역시 민족해방운동에 정진"하려 하고, 그것도 용인되지 않으면 향일로 돌아가 호미를 잡겠다고 말했다.

8월 8일 여운형은 제령 제7호 위반 및 치안유지법 위반 혐의로 기소되었다. 제령 위반에 해당하는 행위는 대한민국임시정부의 조직, 의정원 조직에서 산파 역을 했다는 점, 독립운동을 적극 원조하거나 직접 활동한 점을 들었다. 그리고 치안유지법 위반은 제1차 조선공산당운동 주

수감 당시 여운형(국사편찬위원회 소장)

요 인물들과 연락을 취하고, 음양으로 원조하여 코민테른과의 인적 연락을 담당했다는 것이다.

예심 재판은 1930년 3월 11일에 끝났다. 예심 과정에서 일본인 판사는 과거의 일이 잘못되었다는 입장을 보여주면 면소해주겠다고 회유했다. 여운형은 정색을 하고 "기소는 당연하다. 법제도 그러하고 자신도 그러하다"고 맞받았다. 예심에서 일관된 몽양의 태도와 답변은 일본인 예심 검사와 판사조차 감탄하지 않을 수 없었다. 이들은 여운형에 대한 인상을, 첫째 진실한 사람이고 탐구적이라는 점, 둘째 하고 싶은 말을 마음껏 다하고, 작은 일에 구애받지 않는 사람이라는 점, 셋째 세계적인 수준에서 사고하고 자기의 독특한 생각을 펼치기도 한다는 점 등을 꼽으며, 다시는 만날 수 없을 정도의 인물이라고 평가했다.

여운형이 예심에 회부되자, 김병로는 동료 변호사 허헌·이인·이창휘·김태영·한상억 등과 함께 변호계를 제출했다. 여운형은 원래 건강한 체질이고 운동을 좋아했으나, 체포 당시의 격투로 부상을 입었고 옥중 건강이 악화되어 고생했다. 김병로는 여운형을 면회한 후 이러한 소식들을 외부로 알려, 그의 옥중 상황을 조선이 예의주시하도록 했다. 1934년 4월 10일 경성지방법원에서 여운형에 대한 공판이 개정되었다.

공판을 맞아 변호인 수는 더욱 늘어나 20인에 달했다. 첫 공판정에 참석한 변호사는 김병로·김용무·권승렬·이창휘·강세형 등 9명이었다. 여운형은 건강이 좋지 않아 의자에 앉은 채 진술했다. 인정신문 등을 마치고 본격적인 사실심리에 들어가자 일반 방청은 금지되어 비공개로 진행되었다.

공판은 당일 오전과 오후로 진행하여 종결되었다. 검사는 여운형에게 제령 제7호 위반 및 치안유지법 위반을 적용하여 징역 5년을 구형했다. 변호인들은 검사와 판이한 해석을 전개했다. 김용무·이창휘 변호사가 정상론·정책론 또는 법률 해석을 둘러싼 법리론 등으로 열렬한 변론을 했다. 그러나 시간 관계도 있고 여운형의 희망도 있어서 나머지 변호사들의 변론을 계속하지 않도록 했다. 1930년 4월 26일 제1심 판결에서 징역 3년을 선고받았다. 이에 여운형은 감옥을 각오한 지 오래라 항소를 포기했다.

안창호 사건

1932년 4월 29일 오전 상하이 홍커우虹口공원에서 윤봉길 의사의 거사가 일어났다. 윤봉길 의거는 극비리에 진행되어 사전에 임시정부 인사조차도 알 수 없었다. 김구는 사람을 시켜 도산 안창호에게 피신하라고 연락했지만, 이미 안창호는 이유필의 집으로 향하고 있었다. 이유필이 폭탄을 건네주었다는 일제의 정보에 따라 프랑스 공부국 경찰들이 이유필 집에 잠복 중이었다. 그렇게 이유필 집에 들렀던 안창호는 그곳에서 붙잡혀 5월 1일 일본헌병대로 인도되었다. 조선인 11명도 붙잡혔지만 윤봉길 의거와 관계가 없음이 판명되어 풀려날 수 있었다. 다만 청년 2명이 안창호와 함께 조선으로 압송되었다.

안창호를 프랑스 경찰이 체포한 일은 여러 문제를 야기했다. 첫째 법적 쟁점으로, 프랑스 공무국 당국이 안창호를 체포하여 일본인에게 인도한 행위는 국제법례를 위반한 일이라는 점이다. 이 점에 대하여 많은 항의가 제기되었다. 안창호의 미국인 변호사는 안창호가 식민지 직전에 조선반도를 떠났기 때문에 "일본 당국에 등록된 적이 결코 없는 조선인"이라는 사실과 그가 윤봉길 의거와 연루되지 않았던 점을 역설했다. 중국 외무부는 프랑스 총영사에게 강력히 항의했다. 그 내용은 안창호가 귀화한 중국 시민이기 때문에, 도산에 대한 재판 관할권이 중국이나 프랑스에 있지, 일본에 있지 않다는 것이다.

둘째는 프랑스에 대한 도덕적 비난이었다. 안창호의 체포는 자유를 존중하는 프랑스의 전통에 위배된다는 것이다. 임시정부도 상하이의 프랑스 공무국에 항의하는 한편 파리의 서영해徐嶺海에게 전보를 보내 프랑스 정부에 강력하게 항의할 것을 지시했다. 그렇게 안창호가 일본영사관에 갇혀 있는 동안 조선과 중국의 각 단체와 친우들이 그를 구출하려고 모든 노력을 다했으나 아무런 효과가 없었다. 안창호가 체포되었다는 소식이 조선에 전해지자 모든 언론은 그의 신상에 대해 연일 대서특필했다.

마침내 1932년 6월 2일 안창호 등 3인은 상하이에서 배에 태워져, 6월 7일 인천항에 도착했다. 1910년 거국가去國歌를 남기고 망명길에 오른 지 실로 22년 만에 영어囹圄의 몸으로 돌아온 것이다. 안창호는 경기도경찰부로 넘겨져 다음 날부터 취조를 받았다. 경찰의 취조는 6월 8일부터 6월 17일까지 6차에 걸쳐 이루어졌다. 그리고 7월 15일 검사국 송치 이후 7월 19일부터 25일까지 검사의 취조를 받았다. 취조를 받는 동안 건강이 몰라보게 악화되었지만, 그럼에도 안창호는 의연한 자세를 잃지 않았다. 검사의 "조선의 독립이 가능하다고 생각하는가?"라는 심문에 안창호는 "대한의 독립은 반드시 된다고 믿는다. 대한민족 전체가 대한의 독립을 믿으니 대한이 독립될 것이오, 세계의 공의公義가 대한 독립을 원하니 대한의 독립이 될 것이오, 하늘이 대한의 독립을 명하니 대한은 반드시 독립할 것이다"라고 대답했다.

7월 25일 안창호는 치안유지법 위반으로 기소되어 경성지방법원 예심에 회부되었다. 안창호가 서대문형무소에 수용되자, 무료 변론을 맡았다는 변호사들이 속출했다. 그러나 안창호는 "숙원인 민족과업을 성취 못하고 적에게 사로잡힌 몸이 민족을 대할 면목조차 없다. 무슨 구구한 변론이 필요하겠느냐"며 단호히 변론을 거절했다. 또한 사식도 절대 차입하지 말라고 친지에게 신신당부했다. 하지만 항일변론을 지속해온 김병로로서는 가만히 있을 수 없었다. 그는 "안창호 선생의 사건을 자진하여 변호하기로 지원"하고 서대문형무소에서 안창호를 면회했다.

김병로는 변호사로서 면회를 통해 안창호와 대화를 하고, 근황을 외부에 알리는 역할을 했다. 또한 건강상태를 확인하고, 건강 악화를 이유로 보석을 신청하기도 했다. 김병로 역시 안창호에게 변호사를 댈 것을 권면했으나, 공판이 개시되기 직전까지 변호사 선임을 거절했다. 그러던 어느 날 변호사 이인에게 뜻밖에도 "잠깐 상의할 것이 있으니 면회오시오"라는 도산의 전보가 왔다. 이인이 급히 찾아갔더니 법정 변론은 필

안창호 첫 공판을 보도한 신문 기사(『동아일보』 1932년 12월 20일자)

요 없으나 외부와 연락할 사람이 필요하므로 변호사 선임을 부탁했다. 결국 김병로 등 변호사는 옥내외의 연락 담당, 최소한의 법정 변론 등의 역할만 하기로 하고 변호인계를 제출했다. 법정에 출정한 안창호의 변호인은 김병로·김용무·이인·양윤식·신태악·김지건 등 모두 8인이었다.

1932년 12월 19일 오전 10시 30분 천하의 이목이 집중된 가운데 경성지방법원에서 안창호에 대한 제1심 재판이 개정되었다. 새벽부터 차가운 겨울비를 맞으며 수많은 방청객이 쇄도했다. 재판은 인정신문을 마치고 사실심리에 들어가자마자 비공개로 진행되었다. 법정에 선 안창호는 의연하고 근엄하여 추호의 궁색함이 없었다. 재판장의 묻는 말에는 간략한 대답뿐 구구한 변명이 없었다. 일본인 재판관들도 "과연 안창호는 다르다. 국사적國士的 풍모가 있다"고 감탄하는 빛이 역력했다고 한다. 검사는 4년을 구형했다. 이어 이인·신태악·김용무·김병로·양윤식 등의 순서로 간단한 변론이 있었다. 변론에 소요된 시간은 총 60분에 불과했다. 변론 자체를 원하지 않았던 도산의 입장이 반영되었을 것이고, 주요 사실에 대해 다툼의 여지가 없었기 때문이기도 했다.

단 1회의 공판으로 결심되고, 1주일 후인 12월 26일 안창호에 대한 판결이 선고되었다. 징역 4년이었다. 판결은 받은 안창호는 방청석을 돌아보고 일반인과 친지에 대해 미소와 목례로 감사한 뜻을 표했다. 12월 27일 김용무 변호사는 형무소로 가서 안창호를 면회했다.안창호가 항소 여부를 알아보기 위해서였다. 안창호는 정중히 사절했다. 안창호가 변호사들의 선임을 받아들인 것은 변호사들의 지극한 정성과 친지의 요청에 따른 수동적 수용이었을 뿐이다. 변호사들과 적극적으로 법정투쟁을 하려고 했다면, 공판기일이 단 하루로 끝났을 리 만무했다.

이렇듯 일제와의 비타협적 투쟁의 원칙을 견지했지만, 안창호는 언제나 온화한 인격자였다. 심지어 일제 "관헌들의 동정적 호의에 대한 감사"를 표할 정도로 도량이 넓었다. 그러한 그에 대해 일본인 검사, 예심 판사, 재판장은 한결같이 그의 고매한 인품에 대한 존경을 표했다. 조선의 지도자로서 안창호가 보인 국사적 풍모는 개별 쟁점 하나하나에 대한 치열한 논쟁이 아니라, 인정할 것은 인정하면서도 독립운동이라는 내의와 자신의 의사를 곧게 표현한 자세였다.

법정에서 사회로,
신간회에 참여하다

민족단일당운동

1927년 2월 15일 서울 기독교청년회관YMCA에서 신간회新幹會가 창립대회를 열고 창립되었다. 신간회는 민족주의 좌파(혹은 비타협적 민족주의)와 사회주의 세력이 반자치운동이라는 공동의 입장에서 세력을 통일하여 결성한 민족단일당이자 민족협동전선체의 성격을 띤 단체였다. 3대 강령도 "우리는 정치적·경제적·사회적 각성을 촉진함", "우리는 단결을 공고히 함", "우리는 일절 기회주의를 부인함"을 내세워 자치운동에 반대한다는 입장을 분명히 밝혔다.

　신간회는 공개적이고 합법적인 활동을 지향했지만, "신간출고목新幹出古木(고목에서 새 가지가 솟아난다)"에서 따온 명칭에서도 알 수 있듯이, 비타협적 항일운동을 목적으로 했다. 신간회는 중앙본부의 회장에 이상재

신간회창립대회(『조선일보』 1927년 2월 21일)

李商在, 부회장에 권동진權東鎭을 선임하고, 간부로 총무부 권태석權泰錫, 재무부 박동완朴東完, 출판부 최선익崔善益, 정치문화부 신석우申錫雨, 조사연구부 안재홍安在鴻, 조직부 홍명희洪命熹, 선전부 이승복李昇馥 등을 선임하면서 힘차게 출발했다.

김병로는 이 모습을 보며 "그 늠름한 위풍과 광대한 기세는 풍운을 일으키고 산하를 진동할 만한 것"으로 회상했다. 김병로 역시 좌우 이데올로기의 실현에 앞서서 민족의 독립이 우선이라는 생각으로, 독립을 쟁취하기 위해서는 민족주의자와 사회주의자의 협력이 중요하다고 인식했다. 이에 따라서 김병로는 좌우파의 합작, 민족협동전선의 구축이라는 신간회 운동의 기본 정신에 깊이 공감했으며 일찍부터 허헌 변호사와 함께 적극 참여했다.

그러나 신간회 창립 후 불과 1개월여 후에 이상재가 별세했다. 김병로는 "선생의 서거는 우리 민족의 큰 손실임은 물론이거니와 신간회로서는 창립 초기에 있어서 위대한 지도자를 잃었으니 민족운동의 발전 도상에 일대 비운"이라며 안타까움을 금하지 못했다. 이상재의 별세는 이병로를 신간회 운동의 전면에 나서게 했다. 후임 회장으로 권동진이 선임되었는데 권동진은 자신의 보좌역으로 김병로와 허헌을 임명했다. 김병로는 신간회 경성지회 창립에 관여하는 한편 회장을 비롯한 여러 간부들과 지방을 순회하면서 열성적으로 활동했다.

이러한 노력 속에서 창립 10개월 만에 지회가 100여 곳을 돌파했고, 1928년 2월 123개, 1929년 2월 144개로 급증했다. 만주와 일본의 도쿄·오사카 등 해외에도 신간회 지부가 설치될 정도였다. 이처럼 조선의 사회운동 세력은 신간회의 깃발 아래 결집하여 역량을 강화하면서 반일투쟁을 전개해나갔다. 이 시기에 김병로는 "각 지방에 순회하여 지부의 조직과 취지의 선전에 주력하여 민심의 귀향을 촉진하고 관료의 비행에 대한 폭로 전술을 강행했으며, 노동쟁의나 소작쟁의 등의 공정한 해결에 협조하는 등 모든 사태의 발생에 관심"을 기울였다.

이렇게 신간회가 명실상부한 민족단일당의 면모를 갖추며 전체 사회운동을 이끌자, 일제는 각종 명목을 들어 탄압하기 시작했다. 그 첫 번째가 신간회의 정기대회 불허였다. 합법 단체인 신간회는 규약 개정 및 임원 선출 등 주요 결정이 정기대회를 통해서만 가능했는데, 일제가 이를 악용하여 불허했던 것이다. 일제는 1928년 2월 15일 창립 1주년 기념 정기대회도 불허했을 뿐 아니라, 1929년 2월 제2차 정기대회도 금지했다.

한편 신간회 내부에서도 점차 문제점이 드러나기 시작했다. 신간회 각 지회는 각 지역 청년단체와 사회운동단체들을 중심으로 결성되어, 각 지역의 현안 문제에 적극 참여하면서 활발한 활동을 전개했다. 이에 비해 신간회 본부는 일제의 탄압과 지도력의 미비로 그 역할을 다하지 못했다. 따라서 각 지회에서는 중앙지도체제의 개편 등을 요구하는 목소리가 커져만갔다. 따라서 신간회는 어떻게 해서든지 이러한 무기력한 상황을 타개해야만 했다.

이를 위한 고육책으로 정기대회를 대신하는 복대표대회複代表大會라는 초유의 형식을 고안했다. 원래 각 지회에서 회원 수에 비례하여 대표회원을 선출하고 그 대표 회원들이 본부에 모여 정기대회를 개최해야 하는데, 일제가 정기대회를 금지했으므로 수 개의 인접 지회가 합동으로 대표, 즉 복대표 1인을 선출하고 그 복대표들이 모여 정기대회를 대신했는데, 이를 복대표대회라고 했다.

이 시기 김병로는 허헌과 함께 권동진의 보좌로서 신간회에서의 활동 영역을 넓혀가면서 주요 인물로 부상했다. 김병로와 허헌은 이미 변론 활동을 통해 항일운동의 주역들인 사회운동가들과 인간적 유대감을 맺고 있었기 때문에, 이씨면 이들의 부상은 자연스러운 모습일지도 모른다. 허헌은 1928년 말부터 "변호사 업을 그만두고 민족적·사회적인 큰일에 진력하고 싶은 생각이 불붙은 듯하다"는 포부를 밝혔다. 허헌은

1929년 1월 20일 신간회 경성지회에서 회장으로 선출되었다. 같은 해 5월 31일 신간회 경성지회는 대표위원회를 개최하고 복대표에 허헌, 후보에 이원혁李原赫을 선출했다.

신간회는 1929년 6월 28일부터 29일 이틀간 서울 중앙기독교청년회관에서 복대표대회를 개최했다. 이 대회의 주요 안건은 직제 개정과 임원 선출이었다. 직제는 종래의 간사제를 폐지하고 중앙의 권한을 크게 강화한 집행위원제로 개정했다. 7월 1일 허헌을 중앙집행위원장에 선출하고 56명의 중앙집행위원과 8명의 후보위원, 13명의 중앙검사위원을 선출했다. 이때 김병로는 중앙집행위원 가운데 1명으로 선출되었다.

새롭게 구성된 중앙간부 상당수는 사회주의자들이었는데, 이에 대해 민족진영은 반발했다. 신간회 내부의 사회주의진영과 민족진영 사이의 갈등이 점차 표면화되고 있음을 보여준다. 따라서 7월 4일 중앙집행위원회에서 중앙상무집행위원과 각부의 부장 및 부원을 뽑으면서는 민족진영을 배려하는 간부 선임이 이루어졌다. 즉 서무부장 황상규黃尙奎, 교육부장 조병옥趙炳玉, 출판부장 박희도朴熙道, 재무부장 김병로 등이다. 김병로는 보성전문의 재단 이사이자 강사였으며, 형사변호공동연구회라는 간판을 걸고 독립운동가를 변호하는 데 공동 보조를 취하고 있는 처지였다.

그렇게 신간회 제2기 허헌 집행위원장 체제가 출범했다. 구 중앙집행위원들이 대부분은 탈락했고 대신 사회주의자들이 대거 진출했다. 신간회 강령과 규약 개정을 통해 지방지회의 요구를 수렴한 채 출범한 제2기 신간회는 제1기와는 다른 길을 걸었다. 기존의 온건화 노선을 버리고 비타협적이고 실천적인 성격을 크게 강화하며 각종 사회문제에 적극 뛰어들었다. 1929년 7월 갑산 화전민 사건에서 신간회 본부가 직접 실지조사단을 파견하고 그 조사단의 보고를 토대로 규탄과 항의를 여론화한 것이 첫 투쟁 사례다. 이때 김병로가 그 조사단의 책임자를 맡았다. 이러한 흐름의 최고점은 1929년 11월 광주학생운동에 대한 현지조사였다. 신간회의 집행위원장 허헌, 재무부장 김병로, 서무부장 황상규가 광주로 내려가 방문조사를 하고 구속된 학생을 석방하기 위해 노력하는 등 신간회 본부의 핵심이 광주학생 사건에 직접 개입하는 형국이었다.

신간회 본부는 광주학생운동의 심각성을 깨닫고 지회와 본부에 광주의 실상을 전국에 널리 알림과 동시에 이른바 '민중대회'를 소집하려는 활동을 전개했다. 1929년 12월 10일에 허헌의 사무소에서 신간회 간부들은 광주학생운동 사건에 대해 신간회 차원의 대책을 마련하기 위해 비밀회동을 했다. 그 자리에는 허헌·권동진·송진우·안재홍·홍명희·이시목·손재기·조병옥·이관용·한용운·주요한 등 11명이 있었다. 신간회 간부는 물론 언론 대표들도 참석했다.

이들은 "광주학생 사건에 관련하여 관헌이 취한 조치를 비난하고 이를 규탄하기 위하여 연설회 광고에 관한 격문을 인쇄 살포하고 청중을 모아 대로에서 공개 연설회를 열고, 계속하여 청중을 거느리고 시위운동을 감행"하자고 결의했다. 12월 13일 오후 2시 서울의 가장 번화한 거리에서 민중대회를 개최하고 선난 2만 매를 실포하겠다는 결성이었다. 일제와 정면 대결을 하겠다고 선언한 것이다. 연설과 전단에 사용할 표어는 "광주 사건의 정체를 폭로하라. 구금한 학생을 무조건 석방하라.

경찰의 학교 유린을 배격하자. 포악한 경찰정치에 항쟁하자" 등이었다.

구체적인 거사계획도 준비했다. 첫째, 광고 격문 등의 인쇄는 허헌이 맡는다. 둘째, 연사 권유는 조병옥이 책임지며, 청중에 대한 유도는 이원혁이 담당한다. 셋째, 『동아일보』·『중외일보』·『조선일보』는 사건 직후에 2회에 걸쳐 호외를 낸다. 넷째, 신간회 지방지회는 본부와 동일한 행동을 하도록 지령한다. 조병옥은 연사 섭외에 나서 권동진·허헌·김항규·이관용·홍명희·이원혁·한용운·주요한·손재기·김무삼(일명 김동준) 등 국내 명사들의 내락을 받았다. 계획대로 진행되었다면 대규모의 시위항쟁이 전개되었을 것이다.

그러나 일본 경찰은 민중대회 예정일인 12월 13일 새벽에 허헌을 비롯한 20명을 전격적으로 체포했다. 신간회 본부는 수색당하고 각종 인쇄물도 압수되었다. 허헌이 체포된 뒤 일차 검거를 면한 이관용·홍명희·조병옥·김무삼·이원혁은 이날 오후 회동했다. 우선, 압수된 격문의 내용을 적은 통고문을 작성하여 각 신문과 신간회 지회에 배포하기로 했다. 이날 중으로 체포를 면한 김무삼은 통고문을 각처에 배포했고 특히 인사동 조선회관에서 관람객 다수에게 "제군은 들으라!"고 고성을 지르며 격문 20매를 살포했다. 며칠 후 김무삼도 체포되었다. 허헌이 체포되면서 김무삼에 이르기까지 모두 91명이 체포되었다. 일제의 입장에서 보면 "정치에 관하여 누차 반항적 태도를 보여오던" 피고인들이 이 사건에서 "정치에 관한 불온한 언론 동작으로서 치안을 방해"한 것이었다.

1929년 12월 24일 경기도 경찰부 고등과 미와三輪 기밀계 주임의 취조를 받고 1930년 1월 7일 경성지방법원 검사국으로 송치된 피의자는 권동진·허헌·홍명희·조병옥·주요한·한용운·이관용·이원혁·손재기·김무삼 등 10인이었고 불구속은 4인이었다. 그중에서 검사는 1931년 1월 6일에 9명을 불기소로 처리하고 6명을 이른바 제령 제7호 위반으로 예심에 회부했다. 이리하여 민중대회 재판의 주역이 된 인사는 허헌·홍명희·조병옥·이관용·김무삼·이원혁 6인이었다.

김병로는 광주학생운동의 진상을 확인하기 위하여 파견된 실지조사단을 주도했던 중심인물이었다. 민중대회 사건과 관련하여 김병로도 체포되었으나 기소유예로 추후 석방되었다. 그 이유는 12월 10일에 열린 회의에서 김병로는 "학생사건으로 피검된 다수 학생에 대한 원호와 신간회 중앙본부의 직무에 관한 사건 후처리"를 맡았기 때문이다. 김병로는 가두연설 강행에 직접 관여한 바가 없어서 "일관되게 사실대로 말했고 다른 간부들의 신문조서도 김병로의 신문조서와 일호의 차이도 없었기 때문에 석방"되었다.

이들은 모두 조선 내에서 사회·문화 방면으로 명망이 있는 지도적 인사였고 신간회의 중추적 인물들인 만큼 내외의 관심이 매우 컸으며, 여론에 미치는 영향도 적지 않았다. 그래서인지 일제는 예심에 회부된 지 1년 반 동안이나 끌다가 종결했다. 1931년 4월 6일 첫 공판이 열렸고, 4월 14일 민중대회사건 피고인들에게 모두 유죄판결이 내려졌다. 김병로는 투옥되어 있는 동지들의 뒷바라지를 맡고 나섰다. 특히 허헌과 그의 딸 허정숙에게 많은 신경을 썼다. 그뿐만 아니라 허헌의 아내가 외롭게 죽자 거의 아무도 돌보지 않는 장례까지 도맡아 치러주었다.

그러나 변호인단의 헌신적인 노력에도 6명은 모두 실형을 선고받았

민중대회 사건의 주역인 허헌 등 6인 가출옥(『동아일보』 1932년 1월 24일자)

다. 허헌 등 3인은 1년 반, 조병옥 등 3인은 1년 4개월의 금고형이었다. 이들은 가출옥이 허가되어 1932년 1월 23일에 모두 석방되었다. 출옥한 허헌을 비롯한 6명을 돈의동 소재 요리집에 초대하여 위로연을 열었는데 그때 김병로가 주최 측을 대표하여 축사를 했다.

한편 신간회 간부들이 연이어 구속되자 김병로는 민중대회에 관련된 구속 학생들을 지원하는 데 매달렸다. 이와 함께 구속된 동지들을 대신하여 신간회를 정비하는 일에도 전심을 다했다. 김병로보다 늦게 석방된 이병헌은 당시 김병로의 모습에 대해 "석방되어 신간회 사무실에 들리니 가인 김병로가 혼자서 빈 사무실을 지키며 고군분투로 신간회 복구 사업에 노력하고 있었다. 그는 잡혀가던 다음 날 석방되어 나와, 와해 직전의 위기에 놓인 신간회를 혼자서 붙잡고 애쓰고 있었다. 그는 우리를 잡고 뜨거운 눈물을 흘리며 반가워했다"고 회고했다. 이 회고는 과장이 아니었다. 김병로는 허헌 등 주요 간부들의 구속 때문에 생긴 공백을 메꾸어야 했다.

민중대회는 광주학생운동을 민족적·민중적 운동으로 전국으로 확산해나가려는 시도였다. 비록 민중대회는 일제의 사전 검거로 좌절되었으나, 신간회 본부와 각 지회는 청년총동맹·근우회 등과 더불어 1929년 12월부터 1930년 2월에 이르는 전국적 규모로 항쟁이 확산되는 데 주도적 역할을 했다. 다만 민중대회 사건으로 신간회 간부가 대거 투옥되었기 때문에 신간회 조직을 정비하고 재건하는 데 각고의 노력이 필요했다.

신간회 중앙집행위원장

1929년 말 민중대회 사건으로 간부들이 대거 검거되자 신간회 본부는 마비상태에 빠졌다. 신간회 조직을 재정비하여 이끌어갈 책임은 김병로의 몫이었다. 서무부장 황상규도 와병 중이었기 때문에 김병로는 중앙집행위원장 직무를 대행하게 되었다. 김병로의 고충은 이루 말할 수 없었다. 이때는 특히 신간회 업무를 이끌 만한 인원이 없었고 그 여파는 각 지회에까지 파급되어 전반적인 침체기에 들어간 때여서 더욱 그러했다. 김병로는 1930년 1월에 신간회의 재정부장으로 있으면서 서무부장과 조사부장에서 겸직했다. 신간회가 어려운 상황에서도 그는 견디려 있고 슬기롭게 어려움을 극복해나갔다.

김병로는 우선 신간회 중앙본부 사무실을 옮겼다. 원래 본부 회관은

신간회 역대 위원장과 문패(『동광』 제23호)
맨 아래가 김병로다.

관수동에 있는 중국 음식점 뒤편 의사 이갑수의 집 사랑채를 빌려 사용했다. 그러던 차에 한규설이 2,000원을 비밀리에 기부하여, 허헌이 중앙집행위원장에 당선된 직후부터 이 돈으로 종로 2가 덕원빌딩 3층 전부를 빌려서 중앙본부로 사용했다. 그는 우호단체 상호 간의 연락을 신속히 하기 위하여 안국동 입구에 있는 윤동구 씨 소유의 300여 칸 저택을 전세 1,500원에 얻어서 노총·농총·청총 등 13개 단체 사무소를 이전하도록 했다.

여러 단체들을 한곳에 모으고 민족유일당으로서의 신간회가 민족운동을 이끌어나가는 데는 많은 비용이 필요했다. 이 당시에는 김병로가 모든 경비를 여러 곳에서 조달했다. 그러나 그가 중앙집행위원장 직무를 대행할 때에는 오직 혼자의 힘으로 경비를 마련해야 했다. 그는 신간회의 활동 자금 조달은 물론이고 독립운동을 하다가 투옥된 간부들의 뒷바라지를 맡았으며 투옥 간부 가족들의 생계까지 보살폈다. 그뿐만 아니라 어려운 신간회 중앙본부 및 지회 조직의 수습과 재정비를 위해 헌신했으며 그에 소요되는 비용을 거의 전부 조달했다. 김병로가 중앙집행위원장 직무대행이 된 이후 쓴 돈이 약 6,000원이라고 한다.

김병로는 자신의 돈을 선뜻 신간회 활동 자금으로 제공한 것은 그의 독특한 경제관념 때문이었다. 그는 아무리 목적이 훌륭하다고 하더라도 수단과 방법이 올바르지 않으면 정의롭지 못하다는 신념을 철저히 지키려고 노력했다. 그는 개인의 영달을 위한 삶이나 물질적 풍요를 추구하는 삶을 살기보다는, 민족의 독립이라는 더 큰 대의를 위해 물질을 사용하는 일이 의의가 있다고 보았다. 그는 항상 "의롭지 못한 재화를 취하여 훌륭한 사업을 한다는 것은 도리어 그 사업의 본연성을 모독"하는 것이라고 생각했다. 그는 금전은 비루한 것이지만 훌륭한 사업을 성취하려면 한두 사람이라도 전적으로 책임을 자담할 각오가 없다면 중도에 사업이 침체될 것으로 판단했다. 따라서 신간회에서 소요되는 각종 자금의 투명한 조달과 집행을 위해서 차라리 자신이 희생하는 것이 더 낫다고 보았다.

김병로의 자기희생적인 노력으로 신간회는 고사 직전에서 회생했다. 중앙본부와 경성지회와의 알력도 융화의 빛을 보였고 광주지회와 목포지회가 각각 안고 있던 분규들도 해결되기에 이르렀다. 남아 있던 간부들도 정성을 다하여 회무를 보아 "신간회는 다시 회세 확장의 발전적인 서광"이 보였다. 그 스스로도 나름 만족할 만한 성과를 이룩했다고 자평할 정도였다.

내가 집행위원상 사무를 내행하여 회의 업무는 휴제한 때 없이 지방조직의 확장과 투쟁의 강화로 날로 견실한 진보를 보게 되었으며 그 익년에 이르러 전국대의원회를 소집하려 하였으나 경무당국이 본회 간부에 대한 형사사건의 미결을 이유로 대의원회의 소집을 불허하므로 부득이 나는 다른 간부와 일치하여 회세의 진작에 비상한 노력을 경주한 결과 그 익년 전국대의원회(복대표제)를 소집할 때에는 지회 수가 138개소에 달하고 회원이 근 10만 명에 이르렀던 것이다.

신간회는 1930년 11월 9일 중앙집행위원회 전체회의를 개최하여 조직을 재정비했다. 결원 중인 중앙집행위원장에는 김병로를 선출하고 40인의 중앙집행위원과 5인의 중앙집행후보위원 및 5인의 중앙검사위원을 선출했다. 신간회 신임 집행위원들은 다시 11월 19일에 회의를 열어서 각부 부장과 상무집행위원을 선임했다. 중앙집행위원장에는 김병로, 서기장 겸 서무부장에 김항규, 회계 겸 재무부장에 김용기, 조사부장에 이항발, 조직부장에 서정희, 출판부장에 백관수, 상무집행위원에 이주연·이관구·김상규·한병락 등이 선임되었다.

이렇게 신간회 제3기 김병로 집행위원장체제가 출범했다. 중앙본부 임원은 민족주의 우파들이 현저히 진출했고 사회주의자들의 비중은 축소되었다. 그러나 김병로 중앙집행위원장 체제의 우익적 경향은 사회주의 세력과의 갈등을 표면화했다. 특히 신간회 지회를 장악하고 있던 사회주의 세력이 우익적 경향의 중앙에 대해서 공개적으로 반발하는 일이 자주 발생했다. 사회주의 계열 쪽에서 "신간회의 사명과 역할이 이미 시대의 요구에 따라가지 못하고 있다"는 비판이 빗발치기 시작했다.

따라서 이 시기 신간회의 노선은 온건화 혹은 합법화로 선회했다는 평가가 지배적이다. 물론 강경파·사회주의파와 비교하여 온건화·합법화로 보이는 것은 당연하다. 그렇다고 자치운동과 협력하는 합법운동으로 변질된 것은 전혀 아니다. 다만 제3기 노선에 대해 "소부르주아 개량주의의 영도"라는 정치적 비판은 충분히 제기될 수 있다. 그러나 신간회 본부는 "공황과 민중대회 사건의 실패에 따라 예상되는 대탄압을 선방先防"하여 조직 역량을 보존하자는 전략적 고려를 하지 않을 수 없었다는 지적은 유념할 필요가 있다.

그리고 이 무렵 코민테른·프로핀테른의 정책이 극좌 경향으로 선회하여 민족주의자들과의 협동전선을 폐기하도록 요구하기 시작한 때였다. 따라서 중앙본부는 지회 활동에 적극 참여하고 있던 사회주의자들에게서 공격을 받는 등 어려움을 겪던 시기였다. 그뿐만 아니라 이 시기 김병로에게도 개인적 탄압이 가중되기 시작했다. 1930년 4월에 이미 신간회 비밀결사 혐의로 가택 수색을 당하기도 했고, 1931년 사소한 민사사건을 빌미로 그는 변호사 자격을 정지당했다. 즉 징계 처분을 받아 1931년 1월 23일부터 7월 22일까지 6개월간 변호사 자격이 정지되었다. 그는 신간회에 누가 될까 염려하여 정직 처분이 내려지자 즉각 중앙집행위원장직 사표를 제출했다. 사표는 반려되었지만, 정직 처분이 그에 대한 평판이나 의기를 일부 꺾는 효과는 없지 않았을 것이다.

신간회 해소 논쟁

신간회 중앙집행위원장으로서 김병로가 진실로 힘들었던 것은 일제의 탄압보다는 신간회 내부에서 제기되는 이른바 '신간회 해소론'이었다.

해소론은 주로 청년 사회주의파들이 제기했다. 이들이 비판하는 요지는 "신간회는 결성된 지 4개년이 넘는 오늘날까지 아무 것도 한 것이 없다. 신간회는 소부르주아지의 집성단체이므로, 따라서 대중의 계급적 의식을 말살시키는 것이다"라고 정리된다.

김병로의 변호사 정직 시기인 1931년에 들어서면서 해소론과 반해소론의 논쟁이 가열되며 신간회 내분은 더욱 격화되었다. 신간회를 해소해야 한다는 사회주의 세력의 요구는 점점 거세어졌고 이에 맞서 민족주의 좌파세력은 중앙집행위원장인 김병로를 중심으로 신간회의 유지와 존속을 강력히 주장했다. 이때의 김병로에 대해 김진배는 "꺼져가는 등불을 붙잡으려는 신간회 중앙집행위원장 김병로의 몸부림은 안팎으로 밀어닥치는 협공에 견디기 어려웠다.

그는 "조만식·안재홍·한용운·이인 등의 동지와 함께 하루에도 몇 번씩 만나 신간회 해소 반대 대책을 머리를 맞대고 검토"했다고 기술했다. 김병로는 신간회 지회에서 제기된 해소론에는 코민테른의 전략 변경에 있다고 이해했다. 계급운동론자들은 신간회의 운동전선상에서 헤게모니를 독점하려는 것이 근본 목적인데 그 목적이 달성되지 못하자 차라리 해소하는 방향으로 주장을 편다고 보았다. 이에 김병로는 "우리의 정세로서는 코민테른의 무모한 지령에 따를 수 없음을 강조하면서 해소 문제를 침식시키려고 암암리에 반대투쟁을 계속"했다고 해방 후 회고했다.

마침내 김병로는 신간회 중앙집행위원장의 이름으로 『삼천리』·『동광』 등의 잡지에 글의 기고하여 적극적으로 신간회의 존속을 호소했다. 신간회는 "대중의 당면이익을 위해서 가능한 최대한도의 투쟁"을 하기 위해 조직된 것이지, 특정 계급의 이념과 사상운동을 전파하거나 실현하기 위해 조직된 것이 아니라고 했다. 따라서 계급을 초월하여 민족협동전선을 결성하여 항일투쟁을 하는 것이 목적이고 그 목적 아래에서 계급운동도 전개하는 것이라고 주장했다. 그리고 신간회를 해소한다고 해서 투쟁력을 실현할 수 있는 조직으로 전화된다는 보장이 없다고 생각했다.

현하 조선의 정세가 각 방면으로 질식된 상태에 있는 이때에 있어서 신간회의 과거의 투쟁의 방법과 전술에 결함이 있다고 하면 그 결함을 지적하고 이를 교정하여 더욱 힘 있는 운동으로 전개시킨다면 모르거니와 그나마인들 이미 조직된 힘을 해소한다고 주장하는 것은 그나마 이미 결성된 진용을 교란하며 그나마 조직된 투쟁력을 여지없이 비산시키는 것밖에 아무 다른 효과가 없을 것이다.

현재의 신간운동이 조선의 현실과 조선 민중의 현재 정세에 있어서 오로지 해독을 끼치는 물건이라고 하면 이를 해소하여야 할 것이고 다른 어떤 운동으로 전환하여 일층 투쟁력을 실현케 할 수 있거나 없거나 이것을 문間할 필요도 없을 것이다. 그러나 어느 단계까지 어느 정도까지 민중의 당면의 이익을 위해서 투쟁의 가능성이 있다고 인정한다고 하면 금일의 정세하에서는 이것만큼 이라도 잔루형해殘瘻形骸까지 스스로 없이하고 훼손하는 것은 하등 의미가 없는 한낱 이론의 유희에 붙기한 것이요, 도리어 이미 결성된 힘을 분산하여 조선의 전선을 혼란으로 들어가게 하는 것이다. 그러면 신간회가 해소를 아니하고 적극적으로 운동을 전개한다 하면 앞으로 할 일이 무엇인가. 우리가 입으로 투쟁 투쟁을 말하기는 쉬우나 참 힘 있는 투쟁은 오직 힘 있는 진영에서만 생기는 것이다. 오늘날 신간회의 진영은 아직도 더 결성되고 더 질서화하고 더 공고하게 하는 것이 급선무다. 내부의 결속력이 박약해가지고는 아무리 투쟁하고 싶더라도 사실 불가능한 것이다. 현재도 그 투쟁의 힘이 있는 정도까지에서는 투쟁을 행하고 있는 것이니 앞으로 내부의 결속이 강대화할수록 투쟁력은 증진될 것이다. 이러한 시기에 있어서 이론만 가지고 해소를 창唱함은 운동의 전선을 궤산潰散 분화의 계정階程으로 끌어가는 것이니 도리어 투쟁력을 감소하게 할 우려가 있는 것이다.

김병로는 민족과 민중의 당면의 이익을 위해서 신간회가 여전히 필요하다는 입장에서 해소론을 다음과 같이 비판했다. 첫째, "신간회가 존재하기 때문에 계급의식이 말살된다든가 전화된다 함을 한낱 이론이요 기우에 불과"하다고 비판했다. 둘째, 신간회의 결함 교정과 편달의 의미에서의 해소론은 환영하나, 신간회의 해체는 집중된 역량까지 궤산潰散시켜 운동 역량이 감소될 것이라고 했다. 셋째, 지금과 같은 엄혹한 정세하에서는 신간회를 해소할 것이 아니라, 신간회의 진영 및 내부 결속을 더 강화하는 것이 급선무라고 보았다. 넷째, 신간회 자체의 해체를 기도하는 사람은 자발적으로 신간회를 떠나면 해결될 문제라고 했다. 그러나 전국의 많은 지회들이 해소론을 채택함에 따라서 전반적인 분위기는 존속론에 불리하게 형성되어갔다.

김병로의 노력에도 1931년 5월 15일 신간회 제2회 전체대회가 열렸다. 이는 창립대회 후 처음 열리는 전체회의이자 해소대회였다. 그동안 일제는 신간회 전체대회를 허가하지 않았으나, "1930년 이래 본부가 합법운동으로 전향하고 각 지회가 찬부 양론으로 대립, 내부 통제를 잃은" 신간회를 "조종하는 의미에서 대회를 개최시킴으로써 무언가 얻는 것이 있으리라"는 판단 아래 대회 개최를 허가했다. 반해소론의 입장을 가진 본부의 간부들은, 이 대회를 통해 해소론을 비판하여 신간회를 안정적으로 존속시키기를 희망했다.

이날 전체대회는 김병로의 사회로 개회가 선언되고, 임시집행부를 선출한 후에 중앙간부진을 선임했다. 중앙집행위원장은 강기덕이 되었고, 이후 위원들을 선정했다. 곧바로 본회의로 들어가 제1안건으로 신간회 해소안이 제출되었다. 해소안과 존속안 사이에 치열한 토의가 기대되었으나 일제는 토론 자체를 봉쇄하고 말았다. 해소안에 대한 거수표결 결과 찬성 43, 반대 3, 기권 30으로 해소안이 가결되고 말았다. 해소안이 가결되자마자 경찰은 더 이상 집회가 필요없다며 일체의 집회를 금지함으로써 곧바로 신간회 해체로 귀결되어버렸다. 대회에서 해소론이 통과되자 해소 반대자의 다수가 비분한 가운데 일제히 퇴장했다. 당시 한 논평자는 다음과 같이 말했다.

그러나 이 신간회의 사멸은 자타가 공인하는 바와 같이 타살이 아니라 자살이었다! 차라리 그것이 만일 타살이나 되었으면 세인의 이목을 다소산 자극시켰는지도 모르겠지마는 그것이 싱거운 자살이었기 때문에 일막의 희비극이었다.

신간회 해소론에 대한 김병로의 글(『동광』 제18호, 1931년 2월)

신간회가 타살당했다면 그 분노가 항일운동에 새로운 동력될 수 있었을 텐데, 자살을 선언했으니 허탈하기 그지없다는 것이다. 신간회의 급작스러운 해소는 항일운동 진영에서는 큰 패착이었다. 이후의 치밀한 대안이 결여된 채 해소론만 통과시킴으로써, 결국 단일화된 민족운동 역량에 엄청난 손실을 초래한 셈이다. 한편 『한국민족문화대백과사전』에는 "신간회의 해소는 조선의 민족해방운동이 새로운 단계로 이행하는 과정에 있었다는 데에 의의가 있다. 민족해방운동은 신간회로는 더 이상 해결할 수 없는 단계에 이르렀고 신간회는 거기에 무력한 모습만을 보일 뿐이었다. 이에 사회주의자들은 신간회 해소운동을 통해 민족해방운동의 새로운 전위와 아래로부터의 반제통일전선 결성을 시도했으나 실패했다. 그러므로 신간회 해소에 있어서 가장 큰 오류는 그 방법에 있었다"라고 기술되어 있다.

김병로는 대회에서의 해소 가결이 "전 신간 대중의 의사로 보겠느냐"는 기자의 질문에 대하여, 해소를 가결한 지회보다 부결한 지회 수가 많고 또 연구나 보류하기로 한 곳도 많다는 점을 들어 "신간 대중으로서는 해소를 해체라고 본다는 것보다도 한 분해작용"으로 애써 폄하하는 모습을 보여주었다. 김진배는 "불난 집에 도적이 든 것과 같은 민족운동의 최후의 장면에 중앙집행위원장 김병로의 가슴은 찢어지는 듯했다. 한꺼번에 모든 것이 무너지는 듯했다"고 정리했다. 그는 크게 낙담하여 "당분간 모든 것을 관망하고 있겠다"고 애석함을 표했다. 김병로는 신간회 해체 이후 1932년 1월 1일 『동아일보』의 신년 서면대담 「민족적 중심단체 재조직의 필요와 방법」에서, 사상과 주의를 초월한 협동과 단결을 표방해야 하며 파쟁과 분열은 절대 수용할 수 없음을 다시 한번 강조했다.

신간회운동은 민족운동사에서도 특기할 만한 일이었고, 김병로 개인적으로도 신간회에 주도적으로 참여하고 역할했기에 매우 각별했다. 당시 김병로는 진보적 민족주의자 계열에 속한다고 할 수 있으나 사회주의 계열과 대화가 통하는 열린 지도자였다. 항일변호사로서 좌익사상 사건에도 앞장서 사회주의자들과 연대하며 법정투쟁을 전개한 경험이 있었기 때문이다. 신간회는 1931년 중반에 해소되었으나, 이 기간 동안 김병로는 좌우연합을 실천했고 양 진영에서 인정을 받았다. 해방 직후 좌우 투쟁이 격화되면서도 김병로는 좌우합작에 힘을 더하는 모습을 보여주었다. 그가 단독정부 수립이 아니라 김규식·여운형과 함께 통일국가수립을 위한 좌우합작운동을 벌였던 것은 결코 우연이 아니다. 따라서 곧 민족통일운동의 선구자로 평가받을 만하다.

암흑의 시대,
창동에서 은둔하다

창동 이주

김병로는 1930년대 초반 경성을 떠나 경기도 양주군 노해면 창동리로 이주했다. 오늘날의 도봉구 창동역 근처인데, 당시는 경성에서 떨어진 한적한 시골마을이었다. 이러한 결정을 한 배경에는 국내외 환경 변화가 작용했다. 가장 주요한 배경은 일제의 만주침략이었다. 일제는 1931년 9월에 만주사변을 일으켜 중국 침략을 노골화했고, 결국 1937년 중국과의 전면적인 중일전쟁에 돌입했다. 이에 따라 일제는 식민지 조선을 대륙 침략의 전초기지로 삼으며, 식민정책을 민족말살정책으로 전환했던 것이다. 김병로는 항상 국제정세를 예민하게 주시했다.

1932년에 한 잡지에서 "조선의 정치적 장래를 비관하는가, 낙관하는가?" 하는 질문을 명사들에게 던진 적이 있다. 이에 대해 김병로는 "금후 10년에 걸쳐 무슨 변동이 있을 것은 누구나 예기豫期하는 바이고, 그 10년의 세계적 변동이 우리에게 낙관적 희망을 갖게 해준다"고 대답했다. 김병로는 일제의 만주침략을 지켜보면서 이후 전쟁이 확대될 것이고 끝내 일본은 패망하리라 예상했던 것이다. 전쟁 확대가 정점에 이르면, 일제의 폭압으로 국내 모든 사회단체는 합법적 존립이 불가능해지고 국내의 항일투쟁도 어렵게 되리라고 짐작했다. 게다가 지식인들에게 감당하기 어려운 전향과 변절을 요구하는 압박이 더욱 거세질 것은 불을 보듯 뻔했다. 이러한 환경에서는 당분간 은인자중하여 국제정세의 추이를 관찰하며 일제에 대한 협력을 거부하면서 해방의 날을 기다리자는 뜻이다.

김병로 개인적으로도 복잡한 심정으로 지내던 어려운 시기였다. 그가 전심전력을 쏟았던 신간회가 해산되었고, 조선인변호사협회 회원 중 일부는 점차 항일전선에서 빠져나갔으며, "항일변론의 구심점"인 형사변호공동연구회도 점차 생기를 잃어가고 있었다. 이인은 변론 내용이 불온하다는 이유로 1930년에 6개월 동안 변호사 자격이 정지되었고, 허헌과 김태영은 수형과 유죄판결로 1931년에 각각 변호사 자격을 박탈당했다. 김병로도 민사소송의 사소한 실수를 이유로 1931년에 6개월 정직 처분을 받았고, 김용무도 항일변론보다 돈 되는 민사소송을 더 많이 맡는다는 평판이 1932년부터 들렸으며, 이창휘는 1933년에 건강상 요양을 위해 함북 청진으로 이주했다. 김병로는 이렇게 복잡한 심정과 환경 속에서 본인은 물론 가족 전체를 농촌 창동으로 이주할 결단을 내렸던 것이다.

창동으로 이사한 시점에 대해서 김병로 본인은 만주사변 이후인 1932년으로 회고하고 있으나, 언제 창동으로 낙향했는지에 대해서는 설이 분분하다. 김병로의 회고를 구술받아 회고록을 냈던 김진배는 김병로가 창동으로 이사한 해를 1936년으로 기록했다. 김진배가 만든 「가인 김병로 선생 연보」에는 "1934년에 변호사 자격 정지, 양주군 노해면 창동으로 은거"로 기록했다. 한편 김병로의 둘째 며느리 이필기 여사는 1934년이라고 증언한다. 따라서 김병로 본인의 회고와 둘째 며느리의 증언을 고려할 때 1932~1934년 사이일 것이다.

농촌으로 낙향하기로 결심했다고 해도 정착을 위해서는 적지 않은 돈이 필요했다. 당시 김병로의 경제 사정은 좋은 편이 아니었다. 고향에 있던 많지 않은 토지는 은행에 저당했다가 경매되었고, 경성에 있는 주택까지도 은행에 저당되어 이를 처분하여도 은행 채무를 청산하고 나면 남을 것이 별로 없었다. 도리어 그에게는 2,400원의 개인 채무가 있었다. 이 빚은 대부분은 신간회 활동을 하면서 생긴 외상값 등이었다. 이런 형편을 남에게 터놓고 애기할 상황이 아니었기 때문에, 스스로 풀어가야 했다.

김병로는 우선 경성의 주택을 팔았다. 은행 빚을 갚고 나니 3,000원이 남았다. 그때 마침 개성에 있는 어느 소송 당사자가 2년 전의 소송사건에 대한 보수로 2,000원을 가져왔다. 총액 5,000원 중에서 먼저 개인 채무 2,400원을 갚았다. 결국 김병로의 손에는 2,600원만 남았다. 이 돈으로 양주군 노해면 창동에 가서 대지를 사고 주택 건축의 청부도 맡기고, 그와 동시에 3,000평의 전답을 매수하여 계약금을 지불했다.

김병로의 『동아일보』 마지막 담화(『동아일보』 1936년 1월 1일자)

    다시 그 토지를 은행에 저당하여 잔금을 지불했다. 이 정도면 농촌생활의 기초를 마련했다고 생각했다. 경성에서 10여 년 넘게 변호사 생활을 했음에도 겨우 농촌에 집 한 채 마련하기도 어려웠다. 김병로가 얼마나 금전 문제에 엄격했는지를 잘 알 수 있다. 아니 그것보다는 독립투쟁에 소요되는 비용을 스스로 부담했고, 독립운동 관계자들의 원호에도 돈을 아낌없이 썼기 때문에 부를 축적할 수 없었을지도 모르겠다.

    김병로의 창동 이사는 다른 인사들보다 훨씬 빠른 시점에서 내린 결단이었다. 그 덕분에 김병로는 어떤 친일의 압박에서 조금 비껴날 수 있었고, 친일이라는 오점에서 자유로울 수 있었다. 이와 관련하여 김병로는 1936년 『동아일보』와 『신동아』에 의미심장한 글을 남겼다.

『동아일보』 1936년 1월 1일 「전통에서 신경新境으로 생활개선의 지도와 방안」이라는 신년 특집 기사에서는 다음과 같이 말했다.

여기에 있어서 냉정하고 간절한 마음으로 우리의 사회 동향을 고찰하면 물론 개관적 정세의 불리함과 세계사조가 혼돈되어 있음도 사실이나 이를 빙자하여 궤도와 진로를 탈각할 수는 없으니 일시적 편기심에 끌리어 민중의 환시와 비판을 생각하지 않고 붓과 입을 놀려 남을 중상하고 훼손하는 것을 보통으로 하며 자기의 조종祖宗과 역사를 모욕하는 것이 새사람인 체하는 것은 민중 도의와 사회공덕에 어그러짐이다. 소위 민중의 지도에 자임한다는 인간으로서 이와 같은 행동을 한다는 것은 실로 우려되는 바니 우리는 비상시에 있어서 비상한 신념과 비상한 행동을 가져함은 민족견지로나 개인의 견지로나 별다름이 없으므로 우리의 현실생활에 있어서는 우리 민중의 사명과 영예를 존중하여 허영과 이기심을 버리고 절제와 공덕심을 함양하여 건전하고 순미한 사회건설에 분투하여야 할 것이다.

김병로는 당시 객관적 정세의 불리함과 세계사조의 혼돈을 빙자하여 붓과 입을 놀려 자기의 조종과 역사를 모욕하는 변절자 및 전향자에 대해 맹비난했다. 특히 민중의 지도자라 자임하는 자가 이와 같은 행동을 한다는 것은 실로 우려되는 바이므로, 더우 우리 민중이 사명과 영예를 존중해야 된다고 강조했다. 또한 『신동아』 제6권 제1호(1936년 1월) 「생존권의 강화진작에 용왕역진勇往力進하라」는 글에서도, 일제의 식민정책에 편승이 지도자들을 비웃고, 국내외 우리 민중의 건전健全하심을 빌었다. 이 두 글을 끝으로 김병로는 해방될 때까지 글다운 글을 발표한 적이 없다. 다시 말해 김병로는 1936년을 계기로 절필을 선언했다.

김병로 · 이인 합동법률사무소

그동안 김병로가 창동으로 이주한 후 변론활동 내지는 사회활동을 중단한 것으로 이해되어 왔다. 김진배는 김병로의 회고기를 토대로 1930년대를 은둔과 수절의 시대로 묘사했다. 그러나 최근 방대한 분량의 김병로 평전을 펴낸 한인섭은 "가인은 장래의 암흑을 예견하고 창동으로 이사했지만, 경성을 무대로 한 그의 법정투쟁과 사회활동은 여전히 계속되었고, 그 관여의 정도는 1920년대보다는 조금 줄었다"고 정리했다. 즉 그가 창동 이주 후 모든 사회적 활동을 그만두고 완전히 은거·은둔한 것은 전혀 아니었다. 불편하지만 창동역에서 기차를 이용하여 청량리역에 도착해서, 다시 전차로 갈아타면 경성 시내까지 당일치기로 출퇴근이 가능했기 때문이다. 경성에서 퇴거하는 모양새를 갖추었지만, 경성과의 연결을 확보하는 절묘한 위치에 자리를 잡았다.

김병로는 경성에서 항일변론 활동을 계속했고, 신문과 잡지에도 기고자 또는 대담자로 빈번히 등장했다. 예컨대 1929년 10월부터 『동아일보』의 '법률고문'이라는 고정란을 통해 법률 상담을 했는데, 1936년 1월 14일까지 지속적으로 연재했다. 이후 이름이 없다가 1940년 2월 3일자 '법률고문'에 마지막으로 등장한다.

김병로의 법률고문 연재(『동아일보』 1935년 12월 25일자)

또한 그는 변호사 시절에도 촉탁강사 자격으로 보성전문에서 법률 강의를 맡았다. 창동 이후에는 강좌를 점차 줄여가긴 했어도, 1938년 정도까지는 경성의 보성전문에 와서 촉탁강사로서 형사실무 등 과목을 강의했다. 이처럼 김병로는 서울에서 만날 수 없는 인사가 아니라 만날 수 있는 부류의 인사였다. 오히려 김병로는 뜻이 잘 맞았던 이인과 함께 공동으로 청진동에서 합동법률사무소를 운영하면서 항일운동 사건에 참여했다. 이인은 다음과 같이 회고했다.

가인과는 동경 유학 시절부터 친숙한 사이인데 1932년부터는 합동사무실을 차려 내가 조선어학회 사건으로 피검되기까지 11년간을 주소상종晝宵相從한 처지이다. 이처럼 오랫동안 합동사무실을 지속할 수 있었던 까닭은 우리 둑 사이는 나라의 독립을 위한다는 대국적인 견기 이외에 사사로운 금전관계는 따지지 않은 것이라고 생각한다.

1930년대에 접어들면서 일제의 탄압과 회유로 형사변호공동연구회라는 단일 대오를 유지하기 어렵게 되자 1932년 김병로는 이인과 청진동에 합동법률사무소를 열었다. 김병로·이인 합동법률사무소는 형사변호공동연구회의 활동 취지를 그대로 이어받아서 사사로운 금전관계에 얽매이지 않고 항일변론을 전개했다. 1932년부터 약 10년 동안 청진동의 사무소는 김병로와 이인의 변호사 사무실임과 동시에 새로운 항일변론의 거점이 되었다.

그뿐만 아니라 고하 송진우 등 숱한 민족지사들이 이 사무실을 사랑방처럼 활용했다. 특히 송남헌宋南憲(1914~2001) 등의 청년지사들은 전파라디오 등을 통해 국제적 전황보도를 몰래 청취한 다음 그 소식을 청진동 합동법률사무소에 들러 알려주었다. 이는 다시 청진동 사무실을 통해 소리 없이 퍼져나갔다. 실제로 많은 사건에서 김병로와 이인은 한 팀으로 활동했다. 김병로·이인 합동법률사무소 시절 김병로가 맡았던 대표적 항일운동사건은 다음과 같다.

첫째, 조용하趙鏞夏(1882~1939) 사건의 변호로, 조용하는 을사늑약이 체결되자 베이징으로 망명하여 경학사耕學社에 참가하여 항일운동을 전개했다. 1913년 미국으로 건너가 하와이에서 조선독립단朝鮮獨立團·한인협회韓人協會 등을 조직해 독립운동을 계속했다. 1920년 7월 하와이 지방총회에서 지단장으로 선출되어 기관지 『태평양시사』를 발행하는 등 언론활동을 전개했다. 조용하는 친동생인 상하이 대한민국임시정부 외무총장 조소앙과 긴밀한 연락을 유지하면서 외교 및 홍보활동을 지속했다. 1932년 10월 임시정부와의 연락 사명을 띠고 상하이로 가던 중

일본 고베神戸 선상에서 일본 경찰에 붙잡혔다.

조용하

조용하는 1933년 1월 경성으로 압송되어 조사를 받았다. 같은 해 3월 31일 경성지방법원에서 이른바 치안유지법 위반 혐의로 공판이 진행되었다. 김병로는 이인과 함께 자진하여 무료변론을 맡았다. 공판이 개정되자 재판장은 "공안을 문란하게할 우려"가 있다며 재판의 공개를 정지하고 일반 방청인들을 몰아냈다. 이에 김병로는 가족들은 방청할 수 있도록 허용해야 한다고 주장했다. 재판장은 마지못해 허용했고, 그의 친동생과 자녀들만 방청할 수 있었다.

법정에 선 조영하는 장중하면서도 겸허하고, 겸허하면서도 숙연해 그기품이 온 법정을 압도했다. 그는 독립의 정당성을 설파하면서도 적대적인 감정을 분출하지 않고 의연하게 답할 것은 답하는 태도를 보였다. 김병로와 이인은 30분에 걸쳐 역할을 분담해 변론을 했다. 이인은 "본건은 어느 것이나 범죄를 구성하지 않으므로 무죄"라는 무죄변론을 하고, 김병로는 '집행유예' 변론을 했던 것이다. 결국 조용하에게는 징역 2년 6월이 선고되었다. 옥고를 치른 후 출소했는데, 1939년 4월 별세했다

둘째, 박헌영 사건의 변호이다. 1934년 7월 상하이 일본총영사관 경찰부는 조선공산당을 해외에서 지도하는 인물을 추적하다가 우연히 박

헌영을 붙잡았다. 제1차 조선공산당 사건의 주역으로 첫 공판에 정신이
상 징후를 일으켜 1927년 1월 병보석으로 출감 이후 사라졌는데, 박헌
영은 1933년 7월 초순과 중순에 걸쳐 상하이 일본총영사관 경찰부에서
엄중 취조를 받았다. 1928년 국외 탈출부터 1934년 체포될 때까지의 행
적을 집중적으로 심문했다. 그는 "자신은 정신병자로 어떠한 항일운동
에도 참여하지 않았다"고 함구했다. 경찰은 박헌영에게서 어떤 물증도
찾지 못했다. 경성으로 압송된 뒤 종로경찰서의 취조에도 일관되게 함
구했다.

다만 박헌영에게서 조선공산당 재건의 지령을 받았다는 김형선과의
관계만 진술했다. 1934년 12월 10일 경성지방법원에서 치안유지법 및
출판법 위반 혐의로 박헌영·김형선 등 7인에 대한 제1회 공판이 시작되
었다. 그런데 1927년에 연기해둔 재판까지 함께 해야 했기 때문에, 박
헌영만 분리심리를 받게 되었다. 박헌영의 공판은 1934년 12월 21일 개
정되었고, 공판 개정한 지 3분 만에 일반의 방청을 금지하고 심리를 진
행했다. 같은 해 12월 27일 박헌영은 징역 6년을 받았다.

이 박헌영 사건의 변론을 단독으로 김병로가 맡았다. 김병로가 자진
해서 맡았는지, 박헌영의 의뢰가 있었는지는 알 수 없지만, 김병로의 변
론 의사와 박헌영의 수락으로 이루어졌을 가능성이 높다. 박헌영으로서
는 김병로의 결기와 열정을 이미 접한 바 있고, 김병로는 독립운동 옹호
라는 차원에서 그의 변론을 자청했을 것이다. 김병로가 어떠한 내용으
로 변론했는가는 기록이 없다.

셋째, 이재유 사건의 변호이다. 이재유李載裕(1905~1944)는 오지인 함

남 삼수 출신으로 1930년대를 대표하는
공산주의자이다. "당대 최고의 혁명가" 또
는 "1930년대 좌익운동의 신화神話"라고
평가받을 정도로 파란만장한 삶을 살았다.
1924년 보성고등보통학교에 입학했으나
자퇴하고, 이듬해 송도고등보통학교에 편
입했다. 학내에서 사회과학연구회를 조직

이재유(1934)

하고 동맹휴학을 주도하다가 퇴학당했다.
1926년 일본으로 건너가 고학하며 야학노동학교에 등록하고 고려공산
청년회에서 활동하다가 제4차 조선공산당 사건으로 체포되어 경성으로
압송되었다. 이후 그는 치안유지법 위반으로 징역 3년 6월을 선고받고
1932년 12월 경성형무소에서 만기출소했다.

이재유는 출소 후 경성 지역의 공장과 학교를 중심으로 세포조직을
만들고 대중적 노동운동을 지도하며 조선공산당재건운동에 헌신했다.
1934년 1월 일본 경찰에 체포되었으나, 4월 탈출하여 경성제국대학 미
야케 시카노스케三宅鹿之助(1899~?) 교수의 관사에 은신했다. 5월 미야케
교수가 검거되자 다시 탈출하여 행방을 감추었다. 그에 대한 검거망이
좁혀지자, 경성을 떠나 경기도 양주군 노해면 공덕리로 은신하여 이관
술과 함께 『적기赤旗』를 발행하며 활동하다가 1936년 12월 체포되었다.
그는 체포되는 순간부터 최악의 고문을 받았다. 약 4개월 동안 공식 취
조만도 14차례나 받았고, 검사의 공식수사는 4차례 진행되었다.

이재유는 검사와의 신문에서 "내가 조선 독립을 목적으로 함은 일본

으로부터 독립하지 않는 이상 언제까지나 조선은 공산주의 국가가 될 수 없고 또 설령 공산주의 국가가 된다 해도 일본적 공산주의 국가가 되기 때문입니다"라고 했다. 즉 그는 공산주의운동은 조선의 독립과 조선적 공산주의 국가의 건설임을 당당히 밝혔다. 체포된 지 18개월 만인 1938년 6월 24일 경성지방법원에서 제1회 공판이 열렸다. 이재유 등 7명에 대한 사실심리가 시작되었는데, 김병로는 이재유의 변론을 맡았다. 이재유를 제외한 다른 피고들은 모두 법정에서 전향을 선언했다. 수사 과정에서 혹독한 고문을 받았음을 짐작할 수 있다.

제2회 공판은 1938년 7월 5일에 열렸다. 검사의 구형이 있었고, 변호사의 변론과 피고들의 진술이 있었다. 이재유의 최후진술은 "안녕질서를 해칠 언동을 할 우려"가 있다는 이유로 일반에 공개를 금지했다. 비공개로 이재유가 최후진술을 하고 있을 때 재판부는 폐정을 선언했다. 그는 극히 일부만을 진술했다며 항의했지만, 재판부는 폐정을 통해 그의 최후진술조차 봉쇄했다. 이재유는 3일 후 형사소송법에 따라 최후진술의 기회를 달라는 청원서를 재판부에 냈다. 이어 다음 날 재판장에 대한 기피신청서를 법원에 제출했다.

이 청원서와 기피신청서의 내용을 보면, 이재유는 매우 세밀하고 정확하게 수사 및 재판상의 문제점을 지적하고 있다. 오직 형사절차적 문제에 집중한 법률적인 항변이었다. 아마도 그 문건은 김병로가 직접 작성했거나 김병로와 협의를 거쳐 이재유가 작성했을 것으로 보인다. 이재유는 징역 6년을 선고받았다. 그는 옥중에서도 전향하지 않고 조선어 사용금지 반대, 수감자의 대우 개선 등을 위해 옥중투쟁을 전개했다. 이재유는 형기가 만료되었지만, 전향하지 않았다는 이유로 「조선사상범예 방구금령」에 따라 청주보호교도소에 수용 중 1944년 10월 옥사했다.

끝으로 수양동우회修養同友會 사건으로, 김병로가 항일변호사로서 마지막으로 변호한 사건이다. 일제는 1930년대 후반 지속적 탄압으로 사회주의세력이 괴멸 수준에 이르렀다고 판단하고 민족주의세력에 대한 탄압을 본격화했는데, 그 희생양이 바로 수양동우회였다. 사실 동우회는 합법 단체로 동우회의 활동에 대해서도 일제 당국자들도 잘 알고 있었다. 그런데 동우회가 수양단체라는 가면을 쓰고 독립운동을 했다며 탄압하기 시작했다. 수양동우회 회원에 대한 검거는 1937년 6월부터 시작하여 1941년 11월까지 이어졌는데, 전국에서 이광수·주요한·박현환· 김윤경·김종진 등 181명이 치안유지법 위반 혐의로 붙잡혔다. 일제하 형사재판 중에서 대규모의 피고인이 관여된 최후의 사건이었다. 김병로 역시 최후의 법정투쟁을 준비했다.

일본 경찰은 악독한 고문 등으로 자백을 받아 49명을 기소하고 57명에게 기소유예, 75명에게 기소중지 처분을 내렸다. 기소된 49명 중에서 1938년 3월에 사망한 안창호를 제외하고 41명을 재판에 회부했다. 예심은 1938년 8월에 종료되었으나, 이때 전후하여 대부분의 피의자들은 보석·석방되었다. 석방된 이들을 기다리고 있었던 것은 악랄한 전향정책이었다. 이후 1938년 10월 3일에 공판이 개시되어 12월 8일 증거불충분으로 41명 전원에게 무죄판결을 선고했다. 동우회의 목적과 활동이 독립운동에 해당하는가 하는 점인데, 1심에서는 동우회는 수양단체일 뿐 정치운동에 관여하지 않은 것으로 보았다.

이광수

김윤경

이에 대해 검사가 항소하여 1940년 7월 1일 경성복심법원에서 항소심 공판이 열렸고 8월 11일에 유죄 판결이 선고되었다. 제1심 판결을 뒤엎고 다시 동우회를 정치 변혁을 목적으로 한 독립운동단체로 판단했던 것이다. 다시 피고 전원이 상고하여 1941년 5월 22일 조선고등법원에서 상고심이 열렸다. 조선인과 일본인 변호사 총 13인이 맡았는데, 그 중심에는 김병로가 있었다. 김병로를 비롯한 변호인들은 수양동우회는 인격수양과 단결을 위한 단체이며, 고문으로 자백을 받은 사실을 가지고 범죄를 조작하여 처벌하려 했다고 변론했다. 그 결과 1941년 11월 17일 최종 판결에서 피고 전원에게 무죄가 선고되었다. 법은 행동의 잘못을 처벌하는 것이지 마음까지 처벌할 수 없고, 피압박 민족은 모두 마음속에 독립과 자유를 원하지만 그 마음을 처벌할 수 없다는 취지였다.

수양동우회 사건은 검거에서 최종 판결까지 4년 5개월의 시간이 흘렀고 결국은 피고인에게 절대적으로 유리한 결론이 났다. 김병로나 이인 등 헌신적인 항일변호사들이 있었기에 가능한 결과였다. 일제의 경찰과 검찰이 총력을 기울여 치안유지법 유죄판결을 받아내고자 하는 데에 맞서 끝까지 무죄판결을 이끌어낸 그들의 기개와 집념은 높이 평가되어야 한다. 피고인이었던 한글학자 김윤경은 다음과 같이 그 당시를 회고했다.

5년이란 긴 세월에 걸친 이 사건을 법 이론적으로 변호한 변호사들의 덕택이라 아니할 수 없다. 그러하나 이 사건의 피고들은 5년이란 긴 세월 동안 실직하게 되었으니 자기 생활고에 허덕이게 되는 형편에 변호비를 낼 힘은 없었다. 이런 큰 사건에 본인이 변호인을 세우지 못할 때에는 관선 변호사를 세워주거나 변호사 무료로 자진하여 변호하여주게 되는 것이다. 그러한데 일본 사람들은 변호 보수를 받고 나오는 것이지마는 김병로, 이인 이하 우리나라 사람 변호사는 대개 무료로 변호를 한 것이다. 애국운동을 돕기 위함이다.

이런 독립운동 관련의 대규모 사건에서 전원 무죄판결이 내려진 것은 뜻밖의 결과였다. 그러나 조선고등법원에서 전원에 대해 무죄를 선고한 것은 법리적 측면도 있으나 이들을 구금할 실질적 이유도 소멸했기 때문이다. 우선 혹독한 고문으로 안창호는 수사 중에, 최윤세와 이기윤은 재판 중에 사망했고 김성업은 불구가 되었다. 이 무렵 일제의 끈질긴 회유책으로 수양동우회 핵심 인사들은 모두 변설했고 제2심에서 죄고형을 선고받은 이광수는 후일 친일파가 되어 내선일체를 선전했으며, 민족주의운동 계열은 급속히 해체되거나 친일파로 전향했다. 그리고 관련자들도 무죄로 석방되기는 했으나 자유롭지는 않았다. 일본 경찰은 해방될 때까지 그들을 특수범이라고 하면서 사상 전향을 강제하는 단체인 대화숙大和塾에 소속시켜 여전히 감시를 했던 것이다.

사건은, 20년 동안 항일변론을 이끌어온 김병로에게는 일제하 항일변론의 대미를 장식하는 사건이었다. 이후 김병로는 더 이상 항일운동 사건에 대한 변론을 할 수 없었다. 그 점에서 이 사건에서의 무죄판결은 그가 사법의 무대에서 최고의 실력을 발휘한 대사건이라고 할 수 있다.

항일 변론권 박탈

김병로는 1930년대 말까지도 활발한 법정투쟁을 전개했다. 그런데 각종 신문들을 살펴보면 1936년 이후에는 김병로의 행적을 확인하기가 쉽지 않다. 아마도 신문 검열을 통해서 항일변호사들의 행적이 통제되고 있었던 사정과 관련이 있을 것이다. 이에 대해서 김병로는 "1936년께 우리 공동연구회 회원에 대하여 변호권을 제한한 바 있었으니, 즉 총독부 당국이 지정한 변호사 외에는 사상에 관련된 사건의 변호를 담당하지 못한다는 것인바, 우리 회원 중에는 한사람도 그 지정을 받을 수 없었다"고 했다. 여기서 1936년경 조선총독부 당국이 지정한 변호사 이외에는 사상사건, 즉 항일운동 사건의 변호를 담당하지 못했다는 회고는 정확한 것인가? 김병로는 앞서 이재유 사건(1938년)과 수양동우회 사건(1938~1941년)에 변호사로 참여한바 있다. 이로 보아 그의 회고는 시기적으로 착각이 있었음을 알 수 있다. 사실 이 문제는 일본제국의 속사정과 밀접한 관련이 있다.

침략전쟁으로 치달았던 일제는 1941년 3월 「국방보안법」(법률 제47호)과 「개정 치안유지법」(법률 제54호)을 공포했다. 이른바 국가총력전을 위한 '준전시법령^{準戰時法令}'으로, 일본 국내의 양심 세력은 물론 식민지 조선 및 타이완 등의 민족해방운동을 탄압하기 위해 공포한 악법이다. 두 법률의 특징은 검찰권의 강화, 항소심의 폐지, 변호사의 자격제한 등이다. 즉 개정 치안유지법과 국방보안법을 시행하면서 이와 관련된 사건으로 구속해 재판을 실시할 경우 재판 수속을 간소화한다는 명목으로 항소권을 폐지한 2심제를 적용하고, 또한 변호사도 피고인 1인당 2명으로 제한하며 이때의 변호사는 사법대신이 지정한 변호사만 선임할 수 있도록 했다. 그리고 변호사는 소송에 관한 서류 등사를 할 때도 판사의 허가를 받아야 했다. 구체적인 조문은 다음과 같다.

치안유지법(법률 제54호, 1941. 3. 8)

제29조 변호인은 사법대신이 미리 지정한 변호인 변호사 중에서 선임해야 한다. 단 형사소송법 제40조 제2항의 규정을 방해하지 않는다.

제30조 변호인의 수는 피고인 1인에 대하여 2인을 초과할 수 없다. 변호인의 선임은 최초에 정한 공판기일에 관련된 소환장의 송달을 받은 날부터 10일이 경과했을 때는 할 수 없다.

제31조 변호인은 소송에 관한 서류의 등사를 할 때에는 재판장 또는 예심판사의 허가를 받아야 한다.

그리고 치안유지법과 국방보안법 관련 사건의 지정 변호사가 되기 위한 자격 조건으로는 경력 10년 이상의 변호사로서 다음의 사항에 해당하지 않아야 했다. 첫째 국방보안법 및 치안유지법 관련 사건으로 벌금형·집행유예·기소유예 등을 받은 자, 둘째 형사사건으로 벌금형·집행유예·기소유예 등을 받은 자로 지정에 적당하지 않는 자, 셋째 사상경력 및 기타 사유로 지정에 적당하지 않는 자 등이었다. 이렇게 지정변호사제도의 도입과 자격 조건의 강화는 그동안 일본 국내는 물론 식민지 조선 등에서 치안유지법 적용을 둘러싸고 벌어진 변호인들의 법정투쟁과 그 영향을 실감했기 때문이다. 따라서 일본 국내외를 막론하고 치안유지법 전문 변호사들이 사건에 개입할 여지를 원천적으로 봉쇄하고자 했다. 심지어 서류등사조차도 판사의 허가를 받아야 하는 존재로 변호사의 지위를 격하했다.

일제는 이 두 법률을 식민지 조선에도 적용하여, 지정변호사제도를 시행했다. 이에 조선총독부는 1941년 7월 30일 조선총독부 고시 제1141호를 공포하여, 조선에서 국방보안법과 치안유지법 위반사건을 맡길 수 있는 변호사를 사전에 지정했다. 다만 일본 국내에서는 사법대신이 지정했지만, 조선에서는 조선총독이 지정했다.

이 제도는 이후 변호사 지정이 취소되거나 새롭게 추가 지정되는 등 약간의 변동은 있었지만, 해방될 때까지 유지되었다. 지정변호사제도 시행 첫해인 1941년에 지정된 변호사의 전체 인원은 68명이었다. 각 지역 변호사회별로 경성변호사회 20명, 평양변호사회 8명, 대구변호사회 8명 등이었는데, 이 중 조선인 변호사는 19명에 불과했다. 1941년 조선

「조선총독부관보」의 지정변호사 명단(1941)

인 변호사 수가 208명이었음을 감안할 때 극소수의 변호사만 지정되었음을 알 수 있다.

이후 매년 추가된 변호사를 포함하여 전체 조선인 변호사 수는 30여 명 정도에 그쳤다. 게다가 지정된 조선인 변호사의 70%가 판검사 출신이었다. 지정 변호사의 자격 조건에서도 보았듯이, 변호사 개인의 능력보다는 사상경력을 중시하여 선정했다. 따라서 판검사 출신 변호사들은 이미 사법관으로 임용될 때 상당한 신원조회 과정을 거쳐 사상 문제가 검증되었기 때문에 일제가 선호했을 것이다.

이러한 지정 변호사에 조선총독부가 김병로 등 항일변호사들을 포함시킬 리가 만무했다. 다시 말해 김병로는 치안유지법 및 국방보안법 위반사건, 즉 항일운동사건을 더 이상 맡을 수가 없게 되었다. 항일 변론권을 박탈당한 김병로의 심정은 참담했을 것이다. 이제 열렬하고 조리 있는 법정투쟁을 통한 여론 형성도 불가능했고, 다른 항일변호사 역시

한 사람도 지정변호사가 되지 못했기 때문이다. 그야말로 인권의 암흑 시대였다.

더욱이 일제는 김병로에게 협력할 것을 강요했다. 1941년 8월 24일 윤치호가 '흥아보국단 준비위원회'를 결성하고, 다음 날 8월 25일 흥아보국단 준비위원회가 열리고 있는 비슷한 무렵에 최린·김동환 계열의 '임전대책협의회'가 상설기관으로 설립되었다. 일제가 만든 1941년 임전대책협력회 초청인사에 김병로도 포함되어 있다. 임전대책협력회에서는 1941년 8월 28일 제1차 위원 총회를 경성호텔에서 개최하고 회명을 임전대책협력회로 고칠 것, 임전대책연설회를 열 것, 채권가두유격대를 조직할 것 등의 당면한 협력 방책을 결의하고, 상무위원 11명을 선출했다. 일제는 이처럼 김병로의 동의도 없이 강제로 명단에 포함시켰고, 김병로는 불참하는 것으로 항의했다. 그리고 이때부터는 일체의 사회활동을 중단했다.

창동 생활과 일제의 패망

처음 창동에서의 농촌 생활은 녹록하지 않았다. 김병로는 이미 결혼한 세 아들의 가족들과 함께 살았을 뿐만 아니라 살림이 어려운 여동생의 가족들까지 포함하여 15~16명이나 되는 대가족의 생계를 책임져야 했다. 김병로는 매수한 3,000평 전답으로 가족과 함께 농사를 지었다. 또 부업으로 양계와 양돈을 시작했다. 양계는 해방되기 2년 전까지 1,500마리에 이르렀고 매일 처분하는 달걀이 500~600개에 달했다. 그러나 전쟁 말기에 식량이 귀해지자 축산 사료도 배급이 줄어들어 양계와 양돈도 힘들어졌다. 사료를 확보하려면 군청 직원에게 아쉬운 소리를 하고 닭이나 달걀 꾸러미를 가져다주면서 특별히 부탁해야 했다. 김병로는 차라리 축산을 포기하고 말지, 이러한 상황이 너무 싫었다. 결국 양계·양돈 사업을 포기하고 전부 처분해버렸다.

김병로와 가족들의 노력으로 창동 생활은 점차 안정되어갔다. 창동의 전반적인 경제사정은 비교적 중농 정도의 생활을 계속할 수 있는 수준이 되었다. 타인은 물론 일제의 배급에 의존하지 않고 견딜 수 있는 자립적 경제기반을 마련했던 것이다. 그럼에도 일제의 식민통치는 더욱 악랄해져 민족말살정책으로 치닫고 있었다. 조선인의 전통적인 성씨를 강제로 빼앗는 창씨개명을 강요했고, 조선어 사용을 전면 중지시켰다. 창씨개명을 하지 않고서는 배급도 타먹을 수가 없었다. 청장년들을 징용과 징병으로 끌어갔으며, 쌀과 보리를 공출이라는 명목으로 빼앗아갔다. 문밖에 나가면 조선말은 노인들과 아이들에게서나 간혹 들을 수 있을 뿐이었다. 학병·징용 등으로 부당한 핍박을 받는 이웃 동리의 주민은 밤중에 몰래 김병로를 찾아와 하소연하기도 했다. 이 절박하고 숨 막히는 상황에 김병로는 뜻을 같이하는 동지들과 때로 술을 나누는 것으로 울분을 달래기도 했다.

사실 김병로는 애연가이자 애주가로 이름이 나 있었다. 그런 그가 그렇게 애용하던 술과 담배를 단번에 끊어버렸다. 술과 담배에 대한 배급통제가 실시되자, 해방 전까지 7년 동안 금주와 금연을 단행했던 것이다. 일제 말 극도의 내핍이 필요했고, 무엇보다 일체의 배급과 관련해

구차한 관계를 맺고 싶지 않았기 때문이다. 김병로는 철저한 내핍생활과 자립 의지로 일제 말기의 폭압을 견뎌낼 수 있었다.

창동 생활 중 김병로 가족에게 일어난 제일 큰 비극은 차남 김재열金載烈의 사망이었다. 김재열은 보성전문학교와 일본의 큐슈九州제국대학 법문학부 법학과를 졸업하고, 일본고등시험 사법과에 합격하여 변호사시보까지 마쳤다. 그러나 변호사 개업을 앞둔 1942년 5월 김재열은 병마로 창동집에서 작고했다. 김병로는 그의 뒤를 이어 법률가로서의 행로에 큰 기대를 걸었던 만큼 슬픔도 매우 컸다. 그나마 그에게 위로가 된 것은 김병로와 뜻이 맞는 동지들이 주변에 있었다는 사실이다.

김병로가 창동에 경제적 자립의 터전을 닦자, 일제에 어떤 행태로도 영합하지 않겠다는 의지를 가진 동지들이 하나둘씩 모여들었다. 그 첫 번째 인물이 고하 송진우이다. 송진우는 1936년 『동아일보』 손기정 일장기 말소사건의 충격으로 동아일보사를 떠난 후 두문불출하는 길을 선택했다. 그는 친일 협력에 대한 조선총독부의 회유와 압박이 가해오자, 병을 핑계로 위장하면서 이를 모면했다. 일제의 패망을 예상했던 그는 그렇게 지조를 지키는 한편 1938년 창동리 281 – 1번지로 이주하여 김병로의 이웃이 되었다.

두 번째 인물로는 벽초 홍명희이다. 소설 『임꺽정』으로 유명한 홍명희 역시 사회적 명망도가 높았던 만큼 일제의 중요 포섭 대상이었다. 이에 홍명희는 1935년 마포 강변으로 거처를 옮겨 반쯤 은둔하는 자세로 들어갔다. 이후 더욱 악화된 시국과 지식인들의 변절을 목격하면서 홍명희는 사회활동을 중단하고 신병을 핑계로 완전한 칩거에 들어섰다. 결

창동역사문화공원에 조성된 김병로·송진우·정인보의 동상(2017) 좌측 첫 번째가 김병로다.

국 그는 김병로의 주선으로 1939년 가족을 모두 데리고 창동역에서 가까운 창동 244번지로 이주했다. 김병로는 창동 시절 줄곧 한복을 입으며 버텼다. 세 번째 인물은 위당 정인보이다. 국학자이자 시인으로 유명한 정인보는 그 일가와 함께 1940년 말에 창동 733번지로 이주했다. 정인보는 김병로·홍명보 모두와 각별한 인연이 있어 창동으로 옮겼던 것이다.

이 외에도 청년 동지인 박명환朴明煥(?~1970)이 있다. 그는 홍명희·김병로와 신간회 활동을 함께했는데, 이후 김병로와 같은 노선을 걸었다. 그는 1944년 일세의 소개령에 따라 시골로 피난가려 해도 오길 데가 없는 처지였다. 마침 김병로가 창동에서 살고 있다는 사실을 알았을 때, "천우天佑"를 만난 듯했다고 한다. 그가 곧바로 김병로를 찾아가 어려운

사정을 이야기했더니, 김병로는 두말하지 않고 승낙했다. 김병로는 자신 집의 별당을 그에게 내어줘 거처하도록 배려했다. 이처럼 김병로의 이웃으로 송진우·정인보·홍명희 등이 이사 오면서 엄혹한 세월을 달랠 수 있었다.

이 밖에 경성에서도 창동까지 김병로를 찾아오는 이들이 적지 않았다. 대표적인 인물이 안창호·한용운·유진태 등이다. 김병로의 기억 속에서 잊혀지지 않는 하나의 사건은 안창호의 창동 방문이었다. 안창호는 1935년 2월 대전형무소에서 가출옥한 후 경성과 평양을 오가며 여러 사람들을 만났다. 그러던 어느 날 자신의 변호인이었던 김병로의 창동 집을 찾아왔다. 안창호는 자신도 이 근처에 살고 싶다면서 적당한 집이 있으면 구해달라고 해서 김병로는 우이동 가는 중간쯤 되는 원당리에 집을 계약해주었다.

그러나 1937년 수양동우회 사건이 일어나면서 안창호가 수감되었고 결국 병보석 중에 별세했다. 만약 안창호가 별세하지 않았다면 창동 근처에 살았을지도 모를 일이다. 그리고 신간회 활동을 같이한 유진태兪鎭泰(1872~1942)와 한용운도 김병로 집에 자주 들렀다. 이들은 대개 경찰의 요시찰 대상이었지만, 김병로의 집에서 국제정세에 대한 의견을 교환하고 민족의 장래에 대해 토론하는 모임을 자주 가졌다. 그러자 일제는 양주경찰서에 고등계를 설치하고, 창동주재소에 고등계 형사를 상주시켜 감시했다. 김병로는 이에 대비하여 경계심을 게을리하지 않았다.

전쟁이 막바지로 향해갈 무렵, 김병로의 집 앞길까지 일본군들이 군가를 부르며 설치고 속옷 바람으로 길에 나서는 등 험악한 세상으로 변해갔다. 그러나 창동만큼은 강제징집이나 징용은 말할 것도 없고, 여성들에 대한 행패도 일어나지 않았다. 당시 마을사람들은 김병로가 있었기 때문이라고 말했다고 한다. 김병로가 가진 무형의 영향력 덕분이었다는 것이다. 이렇게 김병로를 중심으로 한 창동공동체는 일제의 행패를 막는 방파제임은 물론 민족지사들을 묶는 구심이자 '성역'이 되어갔다. 어려운 시절을 같이 이겨내는 가운데, 이들 사이의 연대감과 교분도 깊이를 더해갔다. 다만, 유진태와 한용운은 해방을 보지 못한 채 눈을 감아 김병로와 동지들을 안타깝게 했다.

한편 일제의 패망이 임박하면서 흉흉한 소문이 나돌았다. 김병로가 1945년 8월 12일자 『동아일보』에 쓴 글을 보면 "1945년 3월경께 일경이 조선 민족의 지도자들을 한꺼번에 죽여버리려 한다. 그 숫자는 70명이다" 등의 확인되지 않은 정보가 나돌기 시작했다. 창동은 김병로뿐만아니라 일본 경찰이 눈엣 가시처럼 여기던 정인보와 홍명희가 있었고, 그 밖에도 적지 않은 수의 비협조적 조선 지식인들이 살고 있었다. 어느 새벽에 갑자기 이들을 덮칠 것인지 알 수 없는 일이었다.

더 이상 창동은 안전한 은신처가 아니었다. 김병로는 가족조차 모르게이웃 경기도 가평군의 조종안이라는 촌락에 피신하여 일단 유사시에 경성의 동지들과 곧바로 연락할 길만 터놓고 있었다. 김병로는 1945년 8월 7~8일경에 일본의 항복 문제가 이른바 어전회의에서 논의되었다는 정보를 들었다. 11일에는 심명보에게 일본의 항복이 임박했다는 정보가 은밀히 전해졌다. 마침내 조국의 해방이 눈앞에 닥친 것이다. 김병로는 곧바로 가평을 떠나서 어둠을 틈타 창동 집으로 돌아와 골방에 나흘간이나 숨어 지냈다. 골방에 숨어 있던 그 나흘 동안이 4년 이상 되는 듯 느꼈다.

8월 15일 일왕의 중대방송이 있다기에 드디어 해방이 왔구나 하고 짐작했다. 하지만 밖에는 나가지 못하고 손자를 시켜 동네 방직공장의 라디오를 듣고 오라고 했다. 과연 들려온 것은 해방의 기쁜 소식이었다. 김병로는 해방 당일 밤, 한동네에서 은둔 생활을 하던 정인보·홍명희 등을 불러 밤새 술을 나누며 쓰라린 지난날을 회고했다. 새벽이 되자 그들은 새로운 조국의 건설을 위한 민족적 사업에 미력이나마 이바지할 것을 결의했다. 박명환의 부인인 소설가 장덕조張德祚(1914~2003)는 해방당시의 창동 풍경을 다음과 같이 묘사했다.

해방이 되었다는 소식이 전해지자 김병로 씨 댁은 갑자기 웅성거리기 시작했다. 동리 사람들이 축하를 겸해 인사를 들어오고 서울에서도 그를 추대하려는 사람들이 밀어닥쳤다. 세태는 일변했다. … 그러나 가인 선생 댁에는 항일운동하던 옛 동지들이 모여 기세를 떨치고 있어 다른 사람들은 접근조차 할 수 없었다. 당장 무슨 일인가 이루어지는 듯했다.

해방된 조국의 사회는 김병로를 더 이상 길거리의 변호사로 내버려두지 않았다. 일찍 창동으로 은둔하여 일제에 협력하지 않은 그는 자연히 새로운 정치세력의 구심점으로 부상했다.

신국가 건설과
사법부 독립의 초석이 되다

해방공간과 정치활동

해방 직후인 8월 16일 김병로는 서울의 고하 송진우 집으로 갔다. 거기에는 이인·백관수·김준연·정인보 등이 모여 있었다. 이들은 먼저 조선총독부의 치안권 이양을 수락하고 조선건국준비위원회(이하 건준)를 조직한 여운형을 비판했다. 이어서 대한민국임시정부(이하 임정) 봉대론을 내세워 적극적이지 않은 송진우에 대해서도 비판했다. 참석자 전원은 향후 좌우합작의 필요성을 암묵적으로 동의했다. 8월 20일경 김병로는 백관수·이인과 함께 건준을 찾아가 안재홍과 만나 협력을 합의했다. 그런데 선순이 합의를 시키지 잃자 곧바로 결별하였다.

이후 김병로는 1946년 6월 미군정의 사법부장에 취임할 때까지 신국가 건설이라는 역사적 과제를 수행하는 정치인으로서의 길을 걸었다.

복잡다난했던 해방 공간 속에서 그의 정치적 행보를 주요 사건과 관련하여 살펴보면 정치인 김병로의 모습을 짐작할 수 있다.

이 무렵 정치적 입장에 따라 많은 정치단체 혹은 정당이 조직되었는데, 그는 한국민주당(이하 한민당) 등 우익정당을 창당하는 데 앞장섰다. 한민당의 주요 멤버로 활동했지만, 모든 정치적 사안에 대해 한민당의 공식 입장과는 같지 않았다. 예컨대 미군정은 남한의 유일한 정부는 미군정청이라 선언하고 건준의 조선인민공화국(이하 인공)과 임정을 부정했다. 한민당과 미군정이 제휴하여 고문회의가 구성되고, 이후 한민당과 군정청이 유착하자 김병로는 고문회의에 참여하지 않았다. 특히 아치볼드 아놀드Archibold V. Anold 군정장관은 인공을 부정하는 담화를 발표했는데, 한민당은 이를 지지했지만 김병로는 이를 공개 비판했고 결국 1946년에 들어 토지개혁 문제로 김병로는 한민당과 결별했다. 지주나 가진 자들의 이익을 편향되게 대변하는 한민당은 토지개혁에 대해 미온적이고 적대적인 태도로 일관했다. 김병로는 지주에게 땅을 사서 소작인에게 거저 주는 '체감매상遞減買上·무상분배無償分配'를 주장했다. 일제하 소작쟁의의 변호를 통해 소작인의 참상을 목도한 그에게 토지개혁은 절대적 과제였다. 한민당은 이런 그의 주장에 대해 동조하지 않았다.

김병로는 좌우합작운동에 적극 참여했다. 당시 좌파든 우파든 일제하 독립운동 과정에서 그의 변호를 받지 않았던 인물이 거의 없었다. 그때 맺은 인간 관계를 통해 어떻게든 좌우합작을 성공하고 싶었던 것이다. 1945년 10월 창신동에서 좌우합작 회합이 열렸다. 김병로는 송진우와 함께 여운형이 건준을 성급하게 설립하여 혼란을 자초했다고 비판하자, 여운형이 책임을 인정하고 인공의 해체 가능성을 언급하여 좌우합작의 길을 열었다. 그러나 조선공산당은 인공 해체를 완강히 거부하여 협상은 실패로 돌아갔다. 11월 김구와 김규식 등 임정 요인이 귀국했고, 12월 대한민국임시정부봉영회에는 이승만과 김구 등 임정 요인이 전부 참석했다. 그런데 조선공산당은 임정을 비판하며 독자노선을 걷기 시작했고, 이승만은 조선공산당을 비난했다. 또 임정 요인들은 한민당 지도자들을 친일파로 경원했다. 결국 정치세력은 분열되기 시작했고, 이를 더욱 가속한 것은 신탁통치안이 포함된 모스크바3상회의의 결과였다.

　해방 공간을 달궜던 신탁통치안에 대해서도 김병로는 시기에 따라 변화된 입장을 보였다. 처음에는 한민당의 대표로 '제국주의적 침략으로 규정하고, 3,000만 민중의 심혈을 다하여 최후의 1인까지 분투할 각오'를 피력하며 적극 반대했다. 그러나 1946년 3월 미소공동위원회에 참여하면서 그 쟁점에 대해 비교적 유연한 입장으로 선회했다. 4월 미군정청은 "이전에 반탁을 주장한 단체도 모스크바 결정을 수락하면 협상 대상이 될 수 있다"는 성명을 발표했다. 한민당의 보수우익 지도층은 거부했지만, 김병로는 수락을 주장했다. 이는 김구·이승만의 적극 반대 입장과는 다소 거리가 있었다. 한민당과 결별한 김병로는 12월 김규식 중심의 민중동맹民衆同盟과 1947년 민족자주연맹에 가담하여 지속적으로 좌우합작과 민족통합운동을 전개했다. 다만 그는 사법부장으로 재임하는 기간 동안 정치활동에 직접 뛰어들지는 않으면서 좌우합작 추진 과정에서 방향을 잡는 역할을 했다.

　한편 미군정은 좌우합작 원칙에 입각하여 1946년 12월 남조선과도

입법의원을 조직하고, 1947년 6월 이를 남조선과도정부로 개편했다. 그러나 8월에 제2차 미소공동위원회가 완전 결렬되자, 미국은 이에 9월한반도 문제를 UN에 상정했다. UN은 11월 14일 UN한국임시위원단의참관 아래 남북한 인구비례에 따른 총선거를 실시하기로 했다. 김병로는 UN의 결의를 지지하며 UN위원단의 참관하에 남북통일 총선거 실시를 주장했다. 그러나 세상은 그 뜻대로 움직이지 않았고, 결국 김병로도꿈을 접고 현실을 받아들여 남한만의 단독선거에 따른 정부수립안을 지지하는 입장을 취했다.

　해방공간에서 김병로는 편을 가르지 않고 철저하게 통합을 추구하는정치 행보를 보였다. 좌우·남북 합작을 통한 통일된 민족국가를 세우려고 했다. 김병로의 정치노선은 극우적 입장이 아니라 좌우합작과 통합을 추진하는 김규식·원세훈·김약수·홍명희 등과 궤를 같이했다. 그의이러한 신념은 그에게 쓰라린 경험을 안겨준 신간회의 해체와 그 이후식민지 상황에 대한 반성에서 나온 것이다.

대한민국 초대 대법원장

김병로가 미군정 사법부장으로 취임한 것은 1946년 6월 27일이었다.미군정의 사법부는 오늘날 법무부·법원행정처·법제처의 기능이 통합되어 있는 것과 같았다. 그 사법부의 책임자인 사법부장은 직제상 대법원장 및 검사총장의 상위에 위치했으므로, 명실공히 법 분야의 최고위직이라 할 수 있다. 그리고 직제상 사법부장은 미국인 사법부장 1인과 한국인 사법부장 1인을 함께 두도록 되어 있었다. 미국인 사법부장은 군정 장관의 법률고문으로서 사법행정에 대한 최종책임을 지고, 한국인 사법부장의 결정에 대해 승인권을 갖는다.

초대 사법부장은 1946년 4월 2일 에머리 우돌Emery J. Woodall 소령이었다. 미군정이 최종책임을 지지만, 이렇게 사법부장을 직제화한 것은 한국인 사법부장에게 권한을 위양하려는 과도기적 조치임을 우돌은 충분히 인지하고 있었을 것이다. 그의 핵심 임무는 가장 적합한 한국인 사법부장을 구하고 임명하는 일이었다. 그는 여론조사를 하고 법관들의 총의를 들어서 김병로를 사법부장으로서의 임무 수행을 위한 적임자로 강청했다. 몇 개월 동안 어떤 사법·법무적 직분을 수행하지 않았어도, 법률가로서의 김병로에 대해 쌓인 수십년 동안의 평판이 그를 사법부장으로 끌어올린 셈이다.

처음 강력히 사양하던 김병로는 우돌의 설득과 주변 인사들의 의견을 들어 사법부장직을 승낙했다. 무엇보다 미군정하에서라도 사법기관의 기초를 확립해야 독립 후 사법권의 기반을 마련하는 것이라는 생각에서였다. 그렇게 김병로는 한국 사법·법무·법제의 기초를 확립할 중대한 직분을 맡게 되었다. 그가 사법부장으로 취임한 시점에, 대법원장은 김용무, 검사총장은 이인이었다. 이들은 일제하 항일변론에 앞장섰으며, 중요한 항일운동관련 사건에서 단독 혹은 공동으로 변론을 다수 전개한 동지들이었다. 다만 김병로를 포함해 모두 한민당 계열의 인물이라는 점에서 보수우파라는 평가를 받았다. 김병로는 김용무·이인과 함께 미군정이 끝날 때까지 직책을 유지하면서 제도적으로 인적으로 협력

1948년 4월 미군정 사법부장 시절 김병로(국사편찬위원회 소장) 앞줄 우측 세 번째가 김병로다.

했다. 미군정 역시 여론의 압도적 지지를 확인하고 임명한 김병로의 의견을 시종 존중하는 입장을 취했다.

사법부장 시절 김병로의 신조는 청렴결백이었다. 그는 사법부 요원들이나 재판 종사자들에게 공사 간에 민족정기의 앙양이 절실하다고 강조하면서, 스스로 몸가짐을 깨끗하게 할 것을 당부했다.

미군정에서 2년간 사법부장의 직무를 마친 김병로는 새로 수립된 대한민국 정부의 초대 대법원장에 임명되었다. 사실 그의 대법원장 임명 과정은 순탄하지 않았다. 제헌헌법상 대법원장은 대통령이 임명하고 국회의 승인을 얻어야 했다. 따라서 누가 대법원장이 되는가는 이승만 대통령의 의중에 달린 것이었다. 당시 김병로는 해방 3년의 복잡다단한 정치 과정에서 이승만과 사이가 원만하지 않았다. 즉 1946년 초에 이승만은 김병로에게 고문이라는 명의로 도와줄 것을 요청했지만, 그가 이를 정중히 거절한 일이 있었다. 더 중요한 점은, 김병로는 좌우합작을 통한 남북통합의 기조 위에 있었고, 정치적으로는 김규식 편으로 여겨질 소지가 많았다.

김병로가 대법원장에 임명되는 데는 이인의 역할이 컸다. 이인은 초대 법무장관으로 내정된 상태로 이승만을 가까이에서 모실 수 있는 위치에 있었다. 이인은 이승만에게 대법원장으로 김병로를 적극 추천하면서 만일 그를 임명하지 않으면 자신도 법무부 장관을 그만두겠다고 말했다고 한다.

우여곡절 끝에 김병로는 이승만의 임명과 국회의 승인을 받았다. 정부 수립 다음 날인 1948년 8월 16일 그는 국회를 방문하여 대법원장 취임인사를 했다. 여기서는 그는 국민의 신뢰와 기대에 부응할 수 있도록 법관의 자세와 사법부의 독립을 역설했다. 김병로는 사법행정이란 보통행정과는 성격이 다르며, 헌법의 이념을 수호하고 염결공정하게 엄격히 실행한다면 사법의 기초를 확립할 수 있을 것이라고 강조했다. 그런데 이승만 대통령은 1950년대에 들어서면서 정권 연장을 위한 여러 책동을 노골적으로 추진했고, 심지어는 헌법 파괴행위까지 서슴지 않았다. 대표적인 사례가 1952년 발췌개헌과 1954년 4사5입 개헌이다. 특히 4사5입과 관련하여 김병로는 언론에 다음과 같이 말했다.

나온 표수가 135표냐 136표냐 하는 표수의 차이 문제가 아니고, 엄연히

김병로의 대법원장 임명장(한인섭, 『가인 김병로』, 472쪽)

취임 직후 대법원장 집무실에서(한인섭, 『가인 김병로』, 514쪽)

나타난 표수가 있는 만큼 그것을 수학적으로 계산해보면 자명한 것이고, 또 그 해석은 언제까지나 두고두고 변동이 없을 것이다. 수학에는 아무런 에누리도 없는 것이고, 수학의 계산에는 조그만치도 거짓이 없는 것이다. 그렇다면 203의 3분지 이상이란 몇 표가 되는 것인가 하는 것은 수학원리상 스스로 밝혀질 문제이다.

135표로 간주한다는 일부 견해를 언급하면서 "자기로서는 도저히 이해할 수 없는 논법"이라고 강조했다. 대법원장 김병로의 의견 표명은 매우 이례적이고 강경해서 커다란 주목을 받았다. 이처럼 헌법 개정이라는 예민한 정치 사안에 대해서도 방관하는 자세에 머물지 않았다. 적어도 헌법 규정 자체를 무시하는 정권의 농단에 대해 최고 지위의 법률가로서 자신의 의견을 정면으로 천명했다.

초대 대법원장 재임 기간 동안 김병로가 철저하게 강조한 것은 법관의 청렴함과 강직함이다. 그는 법관의 절대적 덕목으로 청렴을 시종일관 강조했다. 당시 법관들의 가장 큰 현실 문제는 박봉이었다. 나라 살림이 워낙 힘들기 했지만, 법관은 박봉으로 생활고에 시달렸다. 다른 공무원의 경우, 박봉이라도 일상화된 부정부패로 그 부족분을 충당해나갔다. 도저히 박봉을 견딜 수 없으면 변호사로 전직하는 길이 있었다. 유능한 법관들이 전직하고자 할 때, 그는 "나도 죽으로 살고 있어요. 서로 죽을 먹어가면서 일해봅시다"라고 만류한 일화는 유명하다. 김병로는 법관의 청렴이 곧 강직과 통한다고 믿었다. "판사는 가난해야 해. 판결문은 추운 방에서 손을 혹혹 불어가며 써야 진짜 판결이 나오는 거야"라는 말을 자주했다. 가난할 수밖에 없는 여건에서도 굴하지 않고 강직하게 사명에 임하는 김병로의 청렴강직은 분명 사법부의 한 표상이었다.

이처럼 김병로는 이승만 정권 내내 대법원장으로서 정치적 압력과 외풍에 맞서 사법부의 독립을 수호하고, 사법제도와 기풍을 만들가면서 몸소 청렴 강직한 법관상의 모범을 보여주기까지 했다.

반민특위 특별재판부장

해방 후 국민들은 일제강점기의 반민족행위자를 처벌할 것을 강력히 요구했고, 1947년 남조선과도입법의원은 「민족반역자, 부일협력자, 간상배의 처벌에 관한 특별법」을 통과시켰으나, 미군정의 반대로 포고는 하지 못했다. 국민적 열망에 따라 제헌국회에서는 헌법 부칙 제101조에 "이 헌법을 제정한 국회는 단기 4278년(1945) 8월 15일 이전의 악질적인 반민족 행위를 처벌하는 특별법을 제정할 수 있다"고 규정하여 반민족 행위자를 소급하여 처벌할 수 있는 헌법적 근거를 마련했다. 1948년 9월 7일 「반민족행위처벌법」을 통과시켜 9월 22일 공포했다.

이후 반민족행위특별조사위원회(이하 반민특위)를 구성하고 10월 23일 1차위원회를 열어 위원장 김상덕, 부위원장 김상돈과 조사위원 조중현 등을 선출했으며 「반민족행위특별조사기관조직법」을 제정하여 12월 7일 공포하고 중앙과 각 도에 사무실을 설치했다. 특별재판부를 대법원에 두었는데 재판관장에는 대법원장인 김병로가, 특별검찰부의 검찰관장에는 검찰총장 권승렬이 각각 선출되었다. 일제하 항일변론의 선두에

이승만 대통령과 김병로 대법원장(한인섭, 「가인 김병로」, 685쪽) **좌측이 김병로다.**

섰던 김병로와 권승렬 두 사람이 재판부 및 검찰부를 주도하게 되었다.

그런데 이승만 정권은 반민특위의 약화 및 와해를 위해 갖가지 수단을 동원했다. 처음에는 권력분립의 원칙에 어긋난다고 위헌론을 제기하고 특별담화를 발표했다. 이에 대해 김병로는 위헌시비는 헌법위원회에서 판정할 일이고, 법률에 따른 반민특위의 행동 역시 불법이 아니며, 문제가 있다면 입법개정안을 제출해야 할 것이라고 말끔히 정리했다.

1949년 1월 8일 첫 사건으로 친일주구의 거두 박흥식이 특별검찰부장 권승렬의 지시로 화신백화점 별관에서 체포되었다. 1월 25일에는 건수도경찰청 수사과장 노덕술을 체포했다. 그는 일제하에서 경시를 지냈고, 27년간의 경찰활동을 통해 수많은 독립운동가들을 검거하고 고문하는 데 악명을 떨쳤다. 특히 1948년에 고문치사사건으로 경찰 자리를 떠나 검찰의 수배를 받고 있는 처지였다. 이렇게 반민특위의 활동이 친일 경찰 쪽으로 집중되자, 이승만 정권은 노골적인 실력 행사에 들어갔다. 경찰은 반민특위 사무실을 습격하여 검찰총장이 휴대한 권총까지 탈취할 정도였다. 당시 이 사건은 '6·6사건' 혹은 '경찰쿠데타'로 불렸다. 이승만 이를 비호하는데 이르자, 김병로는 기자회견을 자청하여 이와 같은 조치는 "직무를 초월한 과오로서 불법"이고 가차 없는 법적 심판을 받아야 한다고 천명했다.

반민특위 재판을 책임진 위치에서 김병로 개인으로서 괴로움도 적지 않았다. 공적 입장에서 김병로는 반민자에 대한 엄정한 처벌의 필요성을 역설하고 그러한 방향으로 재판소를 운영하고자 했음은 확실하다. 그러나 일제강점기 유학 기간을 제외하고 줄곧 국내에서 활동했던 만큼, 주요 반민자 중에서 그가 모를 인물도 별로 없었을 것이며, 한때 그와 활동을 같이한 이들도 한둘이 아니었다. 그러나 김병로는 반민자의 처리에서도 선공후사先公後私의 자세로 일관했다. 훗날 기자에게 김병로는 다음과 같이 술회한 바 있다.

재판은 공정해야 할 뿐만 아니라, 한 시대의 정신을 반영해야 합니다. 지난날 독립운동이나 민족운동에 참여했던 사람마저 변절하여 일본인을 위하여 협력하였다는 것은 그 동기가 어떻든 간에 적어도 공적으로는 조금도 동정할 수가 없는 것이었소. 나는 이 때문에 몇몇 친구들로부터 비정한 사람이라는 빈축도 받았지만, 민족의 정기를 바로 잡는 데는 이러한 의연한 자세가 있어야 하는 것이오.

또한 몇몇 친일파들이 찾아와 지난날을 후회하는 이야기를 하면 "당신이 정말로 후회한다면 조용히 벌을 받을 생각을 해야지 무슨 면목으로 이곳저곳 찾아다닌단 말이요. 하늘이 부끄럽지도 않소"라고 꾸짖었다. 이 무렵 내외적으로 마음고생이 심했던 김병로는 지병이 도져 한쪽 다리를 절단하는 아픔을 겪기도 했다.

대한민국 기본 법률 기초

일본이 패망하고 미군정이 실시되었지만, 일반인의 생각과는 다르게 일본 법령은 그대로 유효했다. 미군정은 일본 법령을 일괄적으로 폐지하지 않고 개별적으로 폐지했다. 이러한 현상은 1948년 정부 수립 이후에도 마찬가지였다. 그러나 이런 상태를 지속할 수는 없었으므로 미군정은 법령 정비에 착수하여 1945년 10월 '법전편찬부' 등을 설치했고, 1947년 6월 남조선과도정부는 사법부 아래 '법전기초위원회'를 설치했다. 이 위원회는 "민권, 재산권, 친족관계, 상업관계, 범죄의 처벌, 법률의 시행 및 사법 행정의 제 수속에 관한 현행법을 대체하여 채용될 기초 법전의 완전한 초안을 작성할 사명"을 가진다고 규정했다.

위원장은 대법원장 김용무, 위원은 사법부상 김병로, 대법원장검사 이인이었다. 그러나 활동이 미진하여 눈에 보이는 성과를 내지는 못했다. 하지만 김병로가 사법부장으로 재직하던 1948년 3월, 군정 법령 제

176호 '형사소송법의 개정'으로 한국 최초의 서구식의 영장주의와 보석제도, 구속적부심사제도 등을 도입했다. 이는 수사관이 아무런 제약 없이 인신구속이나 압수·수색 등을 자신의 고유권한으로 행할 수 있는 조선형사령 제12조 및 제13조의 독소조항을 폐지한 것이다.

김병로는 일찍부터 헌법을 기초하는 일에 착수했다. 그는 1945년 12월부터 헌법 초안 기초에 참여했는데, 김규식과 최동오 등 임시정부 요인과 국내 법률가 100여 명이 모여 헌법기초위원회를 조직하고 회장은 김병로, 부회장은 이인이 맡고 헌법은 김병로, 정부조직법은 이인, 선거법은 한근조가 각각 주사主査를 맡았다. 그러나 4~5개월 뒤 위원회 자체가 유야무야되어 아무런 성과를 거두지 못했다.

1946년 7월 김병로가 사법부장, 이인이 검찰총장이 된 후에 사법부와 대법원이 헌법안 심의를 거듭하여 거의 마무리되어갈 즈음에, 김병로는 신병으로 입원하여 끝까지 참여하지 못했다. 남조선과도입법의원에 헌법기초위원회가 생겨 이 초안을 유진오 등 기초위원 20명이 다소수정을 가하여 헌법안을 다시 만들었다. 1948년 2월 하순부터 헌법 기초 작업을 진전시켜 5월 초에 초안을 헌법기초분과위원회에 제출했고, 이안을 골격으로 헌법 초안을 확정했다. 헌법 제정 과정에서 김병로의 역할은 분명히 나타나지 않지만, 김병로는 미국의 민주주의를 높이 평가하며 자유 민주주의 원리에 입각하여 헌법을 만들려고 했다.

본격적인 법전 편찬은 정부 수립 후에 착수되었다. 1948년 9월 15일 대통령령으로 '법전편찬위원회직제'가 제정되어 대법원장이 위원장, 법무부장관이 부위원장, 위원 75명과 전문위원 약간 명으로 위원회가 구성되었고, 헌법을 제외한 민법·상법·형법·민사소송법·형사소송법 등의 기본법과 기타 재판법규를 기초하는 것을 임무로 정해 발족했다. 그러나 6·25전쟁 등 상황이 발생하면서 제대로 활동하지 못했다.

결국 법전 편찬 임무는 김병로가 맡았다. 신속하게 일본법을 일소하고 대한민국 법률을 제정해야 한다는 여론이 높았지만, 법조계의 인력이 부족했기 때문에 자신이 법전편찬위원회의 책임자의 한 사람으로 약간의 자료를 참고하고 40년 동안 머릿속에 있던 관념을 냉철하게 생각해서 민법안을 기안했다. 낮에는 대법원에서 여가를 틈타서 하고 밤에는 집에서 기초하며, 밝을 때는 조문을 작성하고 불이 없을 때는 머릿속으로 구상하는 방식으로 편찬했다고 한다. 실제 법전 편찬과 법률 용어 선정은 거의 김병로의 손으로 이루어졌다.

민법 편찬

김병로는 1953년 7월 4일 민법 초안을 완성하여 9월 30일 정부로 이송했고, 이는 국무회의를 통과하여 10월 26일 정부제출법률안으로 국회에 제출되었는데, 조문 1,118조와 부칙 32조로 구성되어 있다. 김병로는 1957년 11월 6일 제26회 국회 본회의에 출석하여 민법안의 입법취지 및 경과를 설명했다.

김병로가 민법 안을 기안할 때 가졌던 가치관과 이념은 크게 세 가지이다. 첫째는 민법의 맨 앞부분에 통칙으로서 권리를 남용해서는 안 된다는 것과 당사자 사이에는 신의성실의 원칙을 지켜야 한다는 것이다.

권리가 있다고 해서 그 권리를 남용해 남에게 피해를 끼쳐서는 안 되며, 사람들이 신의성실의 원칙을 지키지 않는다면 인류 공동생활은 향상·발전될 수 없다고 했다. 둘째는 민법 초안을 기안하면서 일본법·프랑스법·독일법·중국법·만주국법 등을 참조하여, 어느 나라 법인지의 여부를 불문하고 우리나라의 현실에 부합하며 그 타당성이 인정되는 규정은 명문화했다. 셋째는 어느 나라를 막론하고 친족법과 상속법의 가장 중요한 토대는 자국의 역사와 문화의 전통이라는 생각이다. 우리나라의 민족윤리와 사회도덕은 중국은 물론 다른 여러 나라보다도 훨씬 완전하고 우수하다고 생각하여 대부분의 규정은 그동안 우리나라 고유의 역사와 문화에 대해 냉철하게 생각해온 가치와 이념을 바탕으로 독자적으로 기안했다. 또한 더불어 새로운 친족법과 상속법을 통해 우리나라의 순풍미속을 조장·완성시키고자 했다.

김병로는 재산법에서는 외국법을 적극적으로 참조하여 극단적인 개인주의를 지양하고, 공공복리라는 국민의 경제 도의에 부합하도록 했다. 또 처의 행위능력 제한 폐지, 불공정법률 행위, 전세권의 명문화 등 사회현실과 거래계의 현상을 반영했다. 그러나 친족·상속법에서는 우리나라 고유의 역사와 문화적 전통에 부합하는 제도를 만들어야 한다고 생각하고, 우리나라의 역사와 문화가 가장 우수하다는 자부심을 갖고 있었다. 특히 부계혈통에 입각한 가족제도만이 인류 보편적으로 타당한 것임을 강조하고, 헌법상의 남녀평등이란 정치·사회·문화적인 면에서 균등한 기회를 준다는 것이지 가정 내에서는 남녀평등을 주장할 수 없다고 했다. 민법 제정 당시 여성계에서 민법 초안에 대해, 특히 호주제도 등과 관련하여 김병로의 가부장적인 사고방식에 많은 비판이 있었다.

김병로는 가부장적인 사회문화에 전적으로 찬성하지는 않았다. 모친이 사망한 이후 제사를 철폐했고 큰며느리를 자신의 딸과 함께 여학교에 보내는 등 다른 면을 볼 수 있다. 그는 가족법 분야에서 고유한 순풍미속을 유지함과 동시에 변화한 사회현실과 조화되도록 가족제도를 개혁하고자 했다. 동성동본 금혼에 반대한 것은, 불합리한 부분을 폐지하려고 노력한 사례일 것이다.

김병로는 민족 고유의 문화에 대한 자부심이 아주 강했으며, 그 핵심을 부계혈통주의로 인식했고, 식민지의 암울한 분위기에서 일본과는 달리 부계혈통주의를 기반으로 하는 호주제에 무한한 자부심을 지니고 있었다. 이러한 사고는 제정 민법에서 호주와 가족으로 구성되는 가家제도에 반영되었다. 즉 가를 대표하는 호주는 실질적인 권한을 갖고 있으며, 부자승계가 원칙이었다. 우리의 성姓제도와 일본의 씨氏제도의 차이를 분명히 인식하고 혈연적 세대가 단절되지 않는 우리 제도를 세계에서 가장 우수한 것으로 인식했다.

형법과 형사소송법 편찬

법전편찬위원회에서는 형법의 총칙은 양원일(1912~1949) 변시, 김희순 엄상섭(1908~1960) 검사가 맡고, 형사소송법은 이호(1914~1997) 검사가 기초를 담당하기로 결정했다. 그러나 형법총칙을 담당한 양원일 판사가

1949년 3월 사망하자 법전편찬위원회 위원장인 김병로가 인수했다. 그는 1940년에 각칙까지 공포된 일본의 '개정형법가안'을 모델로 하여 첨삭하고 가감하여 편찬한다는 방침을 정했다. 이후 그는 전체 형법의 방향 설정과 회의체에서 중심적 리더십을 발휘했다.

형법 총칙의 대부분은 그의 작품이었고, 그중에는 김병로표 총칙이라 부를 만한 독창성을 곳곳에 보여주었다. 총칙에서 범죄에 관한 일반적 관념에서는 학설과 판례에는 있지만 조문화되어 있지 않던 것을 조문으로 명백히 한 부분이 적지 않았다. 그 예로서 인과관계, 불능범, 독립행위의 경합, 부작위, 피해자의 승낙, 자구행위 등이다. 일본 형법에 없더라도 외국법을 검토, 비교하여 이론이 막히지 않도록 명백히 법문으로써 총칙규정에 적극적으로 규정하게 된 것이 우리 형법의 특색이라 평가된다. 총칙 중 형법에 있어서는 자격상실과 자격정지를 새로 첨부했고, 집행유예 가능성의 범위를 좀 더 넓혔으며 선고유예를 신설했다.

1953년 개천절에 김병로는 형법 시행을 기념하는 식사를 하면서 형법 제정의 이념과 취지, 핵심 내용을 간략히 소개했다. 그는 형법 제정의 역사적 의의를 단군의 홍익인간에서 찾고, 입법 이념은 헌법과 자유평등, 그리고 순풍양속을 조화시켰으며, 입법상의 특징을 간략히 언급했다.

그 내용의 몇 가지를 예시하여드리면, 첫째로 종전에 있어서는 법문의 규정이 없고, 학자의 논의와 법관의 견해에 의존하여 온 사항을 명백히 규정하여 범죄 성립의 요소를 일반 상식으로 이해할 수 있게 한 것, 둘째로 범죄를 목적으로 한 단체를 조직하거나 가입한 자에 대하여 그 목적한 죄에 정한 형으로 처단할 것을 규정하여 치안확보를 기한 것, 셋째로 공무원의 직무상 범죄에 대한 가중형을 규정하여 공무원의 국민에 대한 책임감을 강화케 한 것, 넷째로 정조에 관한 남녀 동일한 형법을 규정하여 방임되었던 남자의 정조 이념을 강조한 것을 특필할 수 있으며, 형에 있어서 (1) 자격상실, 자격정지에 관한 규정, (2) 형의 선고유예에 관한 규정 등을 신설하여 형벌권의 적정한 운용에 신미新味를 가하였고, 종전의 형벌법규를 이 형법전에 대략 포괄하여 법전 정리의 일단을 실천한 것입니다.

형사소송법은 형사사건의 처리절차에 관한 법률임과 동시에, 인권보장을 위한 규범이다. 따라서 식민지의 폭압적 법제 및 법실무를 극복하고, 인권보장을 중심으로 한 새로운 형사사법제도를 운용하는 데 필수적이었다. 이러한 형사소송법의 제정 과정에서 김병로는 시종일관 주도적으로 관여했다. 그는 초안에서 인신수속, 영장제도, 취조기간 등 주요한 쟁점을 정비하여 제시했다. 그리고 거기에는 일제하에서 변호사의 체험, 법학자로서의 체험, 미군정하에서의 사법부장으로서 형사사법제도를 운용했던 체험, 그리고 형사사법 전반을 관장하는 대법원장의 고뇌 등이 녹아들어 있었다. 1950년 1월 하순까지는 영장주의, 피의자의 변호인 접견권, 구속 기간, 긴급구속, 변사자 검사, 기소유예, 공소시효, 불기소 처분, 검사의 항소 등 여러 항목이 법전편찬위원회 심의를 통과했다. 그러나 6·25전쟁으로 그동안 수집·작성된 형사소송법안 자료가

망실되었다. 그래서 김병로는 임시수도 부산에서 위원장으로서 거의 단독작업을 진행할 수밖에 없었다.

1953년 1월 초순경 본칙 472개조 부칙 9개조의 법전편찬위원회 형사소송법 초안이 국회에 제출되었다. 이는 국회에서 상당한 수정을 거친 후 입법화되었다. 특히 일제하 법정의 경험을 바탕으로 공판조서의 정리, 피고인의 공판조서열람권, 구속기간 연장의 제한 등을 규정했으며, 폐해가 심했던 예심은 당연히 폐지되어 수사기관에서의 장기구금을 제도적으로 방지하여 인권보장에 크게 기여했다. 김병로가 사법부장 시절 입법하여 초안에 담은 영장제도, 보석제도, 구속적부심제도는 현행 형사소송법에도 남아 있다. 이처럼 현행 형사소송법의 체계와 표현 하나하나에 들어 있는 김병로의 영향은 여전하다. 형사법정에서 수많은 증인들이 증인선서를 했을 때 그것이 김병로의 작품임을 아는 이는 거의 없다.

민주주의를 수호하다가
영면하다

김병로는 1957년 12월 16일 대법원장에서 퇴임하고 17일에 국회에서 퇴임인사를 하는 것으로 공식일정을 마무리했다. 현직에서 은퇴한 김병로는 사법부의 독립, 나아가 국민의 자유를 적극적으로 수호했다.

1958년 민의원 선거 관련 소송에서 자유당 소속의원의 선거무효 판결에 자유당이 반발하자 김병로는 사법권 독립을 모독하는 발언이라며 공개 비난했다. 4월 8일 이승만 정권은 당시 야당지인 『경향신문』을 사소한 실수를 빌미로 군정법령 제88호에 따라 폐간했다. 김병로는 5월 2일 『동아일보』에 「경향신문 폐간은 위헌·불법이다」라는 논설을 발표하여 부당성을 지적했다. 7월 2일 진보당의 조봉암에 대한 제1심 재판에서 간첩죄가 무죄로 선고되자, 이른바 '반공청년'들이 법원청사에 난

1957년 김병로 대법원장 퇴임식(한인섭, 『가인 김병로』, 692쪽)

입하여 용공판사의 처단과 조봉암의 간첩행위 처벌을 주장하며 난동을
부렸다.

　김병로는 사법부를 협박하는 미개한 나라라며 배후를 밝히라고 주장
했다. 법관모욕죄는 살인강도에 비할 바가 아닌 중대한 범죄라고 개탄
했다. 12월 자유당이 야당의 반대를 무릅쓰고 국가보안법을 개정하자,
김병로는 1959년 1월 10일자 『동아일보』에 「국민은 악법폐지를 요구할
권리가 있다」라는 기사를 게재하여 2·4파동으로 통과된 모든 법안은 무
효이고 불법적으로 통과된 법에 대해서는 국민은 그 폐지를 요구할 권
리가 있다고 선언했다.

1960년 3·15대선을 앞두고 김병로는 『동아일보』에 「부정선거는 천추의 한이 될 것」이라는 제목으로 자유당 정부의 부정선거 계획과 실상을 신랄하게 공격했다. 그리고 그의 예언대로 부정선거에 저항하는 4·19혁명이 일어나 자유당은 몰락했다. 4월 20일 김병로는 자택에서 재야 정치지도자 13인 회의를 열고 비상계엄 해제, 학생의 희생 중단과 구속자 석방, 국민총의 존중의 3대 대정부 건의안을 발표했다. 4월 23일에는 김병로는 비롯한 재야인사 18인이 시국수습임시협의회를 구성했다.

이승만 하야 후 허정의 과도정부가 수립되었다. 김병로는 과도정부 개편을 요구하고, 5월 6일 민주당계가 아니면서 사회적 존경을 받는 명망가 김창숙·이강 및 신숙 등과 비상대책위원회 지도위원이라는 이름으로 다섯 가지 시국수습대책을 제시했다. 과도정부의 방향이 항일 및 반독재의 목표하에 추진되어야 함을 명백히 하는 내용이었다. 또한 김병로는 민주주의를 파괴한 부정선거 원흉과 부정축재자 처단 문제에는 강경한 입장을 취하여 '특별법'을 만들어서라도 처단하자고 주장했다. 그 결과 1960년 12월 특별법이 제정되었다.

전국적 차원에서 김병로의 정치적 비중이 높아지자 그에게 정치 일선에 나설 것을 요청하는 인사가 줄을 이었다. 민주당에서도 신파의 장면, 구파의 김도연 등 최고위원들이 김병로에게 민주당을 함께하자는 요청을 거듭했다. 그러나 이인 등 김병로를 평생 따르고 존경하던 재야 법조인들은 신구파로 파쟁을 일삼는 민주당에 들어가면 이용만 당할 것이리고 우려했다. 차라리 재야 법조인들을 중심으로 독자적인 정치조직을 만들어 정치에 참여하자고 설득했다.

1962년 김병로 인물 일러스트
(『조선일보』 1962년 5월 29일자)

결국 김병로는 6월 28일 재야 법조인이 주도한 자유법조단이 발기하자, 발기인 대표로 참여했다. 7월 29일 민의원 선거에 고향 순창에서 출마했으나 낙선했다. 이후 제2공화국이 출범하자 그는 어떠한 정치적 행보도 적극적으로 전개하지 않고 독서삼매경에 빠져 세월을 보냈다. 민주당이 신파와 구파로 분열되자 그를 중심으로 새로운 정당을 만들려는 움직임이 있었으나 거절했다.

정계 은퇴와 영면

1961년 박정희가 5·16쿠데타를 일으켰다. 김병로는 아무리 무능한 정권이라 하더라도 군사정권보다는 낫다고 생각했다. 박정희는 몇 차례의 변신 끝에 1962년 7월 정치 참여를 선언했고, 김병로는 이에 대해 반대의 뜻을 분명히 했다. 12월 26일 대통령중심제 및 국회단원제를 골격으로 한 제3공화국 헌법이 공포되었다. 이에 따라 대통령 선거와 국회의원 선거가 1963년에 실시될 예정이었다. 이를 기회로 군사정권 지도자들이 새 헌법하에서 투표를 통한 정권장악에 나설 것임은 불을 보듯 뻔했다. 1963년 1월부터 군정은 민간인들의 정치 활동을 허용하고 '건전한

야당의 육성'을 다짐했다.

만 75세의 김병로는 군정에 대항한 민간 정치세력의 최고원로이자 구심점으로 부상했다. 그는 반군정 정당 결성 및 야권 단일화를 위한 모임을 주도하고, 정치세력의 '대동단결'을 주장하며 그 역할에 최선을 다했다. 1월 내내 김병로의 자택에서 수차례 구신민당·구자유당·구민주당·무소속 등 야당 지도자들이 모여 통합을 논의했으나, 대통령 후보 문제로 결렬되었다. 김병로는 민주당계를 제외하고 민정당民政黨의 창당 작업에 착수했

김병로의 대담(『사상계』 1963년 2월)

다. 1월 27일 창당준비발기인대회에서 김병로는 임시의장으로 선출되어 손수 쓴 창당발기취지문을 낭독했다. 건강이 좋지 못한데도 쌍지팡이를 짚고 참가하는 열의를 보였다.

5월 14일 민정당은 창당대회를 열고, 윤보선을 대통령 후보로 추대하고 김병로는 대표최고위원으로 추대되었다. 6월 2일 번복을 거듭하던 박정희가 민주공화당의 대통령 후보직을 수락했다. 이에 김병로는 재야 시노사 12인의 이름으로 "박 의장의 대통령 출마는 민정이양의 공약을 어기고 실질적인 군정연장을 꾀하는 것"이라고 비난했다. 민정당 창당 이후 정치세력들은 복잡한 정쟁이 전개되는 과정에서 신정당(허정)·자유

김병로 추모글(「동아일보」 1964년 1월 14일자)

민주당(송요찬)·민우당(이범석)·민주당(박순천) 등을 창당했다.

　이렇게 야당이 난립하자, 다시 야권 통합의 필요성이 대두되었다. 김
병로는 야당 통합의 진통 끝에 민정당이 빠진 통합 야당인 국민의당의
대표가 되었다. 이후 그는 고령임에도 불편한 몸을 이끌고 야당 통합과

김병로 묘비(수유리 애국선열묘역)

대통령 후보 단일화에 온몸을 던졌다. 그러나 대통령 후보를 놓고 야당은 다시 분열했다. 김병로가 벌였던 반군정의 야권 대통령 후보 단일화 작업은 참담한 실패로 끝났다. 결국 박정희가 대통령에 당선되었고, 김병로는 정계에서 은퇴했다.

정계에서 은퇴한 김병로는 병석에 누웠으며, 1964년 1월 13일 서울 인현동 자택에서 만 76세로 영면했다. 장례는 이인이 장례위원장이 되어 사회장으로 치르고 1월 19일 수유리 독립운동가 묘역에 안장되었다.

1888	1월 27일(음력 1887년 12월 15일). 전북 순창군 복흥면 하리에서 부친 김상희와 모친 장흥고씨의 1남 2녀 중 둘째로 태어남. 본관은 울산 蔚山, 호는 가인街人
1896	조모의 배려로 사서 등 한학을 배움
1899	연일정씨와 혼인함
1902	간재 전우 선생에게서 약 2년간 사사함
1904	목포에서 일신학교 설립 후 영어·일어·산수를 배움
1906	면암 최익현 등의 의병장 활동에 적극 조력함
1908	구국계몽운동에 동참하여 담양 창평에 창평학교 설립에 관여함
1910	3월. 일본 도쿄로 유학, 일본대학 법과전문부 청강생 및 메이지대학 교외생(법과야간부)으로 입학함
1911	한일병탄의 비극과 건강상의 이유로 귀국함. 가을 일본 도쿄로 재유학감
1912	3월. 메이지대학 법과 3학년에 입학함
	10월. 도쿄조선유학생학우회 창립에 간사장으로 주도적 역할을 함
1913	7월. 메이지대학 법학부 법과를 졸업함. 졸업 후 귀국하여 학자금을 마련함
	12월. 메이지대학 고등연구과(대학원 과정)에 입학함
1914	4월. 재도쿄조선인유학생학우회의 기관지 『학지광』을 창간함. 편집 겸 발행인으로 제1호(1914년 4월 2일)와 제2호(1914년 4월 20일)를 발

간함. 『학지광』 제2호에 「이상적 형법의 개론」을 기고함

1915	6월 28일. 메이지대학 고등연구과를 졸업함. 니혼대학 법과를 졸업함.

1915 6월 28일. 메이지대학 고등연구과를 졸업함. 니혼대학 법과를 졸업함.

7월. 조선인은 변호사 시험을 응시할 수 없다는 일본 정부의 결정으로 서울로 귀국함

9월 30일. 경성전수학교 교유(판임관)로 임명됨

1916 4월 1일. 전문학교령에 따라 새 출발한 경성전수학교의 조교수(판임관)로 재임명됨

4월. 보성법률상업학교 강사로 임용됨

1917 2월 6일. 종로청년회강연회에서 '사회의 모순과 법률의 실제'를 강의함

1918 10월 10일. 경성전수학교 조교수 겸 경성고등보통학교 교유(고등관)에 임명되어 승진함

1919 4월 16일. 부산지방법원 밀양지청 판사에 임명됨

5월 29일. 부산지방법원 판사에 임명됨

1920 4월 17일. 판사직 의원면직됨

12월 24일. 변호사로 등록하고 서울에서 개업함

1921 대동단 사건, 상하이 대한민국임시정부 요원 이춘숙을 변론함

10월 2일. 조선변호사협회 창립에 참여하고 의원으로 선정됨

1922 보합단 사건, 신천지 필화사건을 변론함

1923 2월경. 허헌·김태영 등과 함께 형사변호공동연구회를 창립함

5월 12일. 김상옥 사건 관련자를 변론함

8월 7일. 의열단 사건을 변론함

1924 4월 22일. 각파유지연맹단원 폭행사건 대응을 위해 조선변호사협회 임시총회를 개최, 총독부 당국자 면회와 반성을 촉구하는 결의문을 채택함

5월 25일. 조선변호사협회 이사회원 및 이사회의 장으로 선출됨. 평북 희천사건 조사와 처리 적극 참여함

6월 7일. 언론집회압박탄핵회 결성 및 결의문 작성을 위한 기초위원과 실행위원 선정을 위한 전형위원으로 선정됨

6월 8일. 언론집회압박탄핵회 조사위원으로 선정됨

6월 28일. 언론출판압박탄핵회의 각 단체 대표회의에서 집행위원으로 선정됨

7월 3일. 평북 희천 사건 항소심을 변론함

9월. 암태도 소작쟁의 사건을 변론함

1925	용강군수 사건, 북율면 소작쟁의 사건, 흑기연맹 사건 등을 변론함
	4월. 경성조선인변호사회 부회장으로 선출됨
1926	설화 사건, 6·10만세운동 사건을 변론함
	4월. 경성조선인변호사회 회장으로 선출됨
1927	2월. 신간회 창립총회에 참여함
	3월. 권동진 회장의 보좌역으로 취임함
	조선공산당 사건, 보성고보 맹휴사건 등을 변론함
1928	고려혁명당 사건, 제3차 공산당 사건, 간도공산당 사건, 『중외일보』 필화사건, 옥구 소작쟁의 사건, 함남기자연맹 사건, 개성공산당 사건 등을 변론함
1929	원산쟁의 사건, 대구학생 사건, 조선공산당 관련 사건, 형평사 관련을 변론함
	7월 4일. 신간회 중앙집행위원회에서 회계로 임명됨
	7월 18일. 신간회 긴급중앙상무위원회에서 갑산 화전민 사건에 대해 실지조사 실시를 결정하고 직접 방문조사를 진행함
	7월 28일. 신간회에 갑산 화전민 사건 진상 결과 보고 후 결의함

8월 9일. 여운형 사건 예심 회부에 대해 변호계를 제출함

11월 9일. 신간회 긴급간부회의에서 광주학생운동 사건에 대해 현지 방문조사 실시를 결정하고 직접 방문조사를 진행함

12월 12일. 신간회 중앙본부 및 경성지회 간부 소집해 민중대회를 개최하기로 했으나, 다음 날 신간회 간부들과 함께 연행됨. 김병로는 석방되어, 신간회 중앙집행위원장의 직무를 대행함

1930   광주학생운동 사건, 이천 무정부주의자 사건, 민중대회 사건, 경성 여학생만세 사건 등을 변론함

1월. 신간회 사무부장과 조사부장을 겸직함

4월. 신간회 비밀결사 혐의로 가택을 수색당함

4월 10일. 여운형 사건 재판에 변론을 담당함

11월 9일. 신간회 중앙집행위원회에서 정식 집행위원장으로 선임됨

12월. 신간회 해소론의 대두, 김병로는 해소론에 반대함

1931   1월 23일. 민사변론 의뢰인이 위조위임장 작성, 사용에 방조했다는 혐의로 변호사 징계처분을 받고 변호사 자격 약 6개월 정지. 신간회 집행위원장직 사퇴원을 제출했으나 반환됨

5월. 신간회 전체대회 사회, 신간회 해소결의안에 대해 반대의견을 냈으나 해소결의안이 가결됨

1932   박규명 등 선천 대산면장 살해사건, 정평 농민조합 사건, 안창호 사건, 오동진 등 만주 무장투쟁사건, 신현중 등 경성제대반제동맹 사건을 변론함

하반기. 이인 변호사와 함께 청진동에서 합동법률사무소를 운영함. 경성에서 경기도 양주군 노해면 창동리(현재 서울 도봉구 창동역 근처)로 일가족이 이주함

7월. 서대문형무소에 수감 중인 안창호를 면회함

	11월 4일. 경성제국대학 반제동맹 사건을 변론함
1933	배동건 등 간도공산당 사건, 조용하 사건을 변론함
1934	박헌영 등 조선공산당재건 사건을 변론함
1937	동우회 사건을 변론함
1938	이재유 등 공산당재건운동 사건, 민영휘 유산분쟁을 변론함
1941	5월 22일. 동우회 사건 상고심에서 변론함
1945	3월. 일제 경무 당국의 '요시찰인' 학살 계획을 듣고 가평군 조종안으로 피신함
	8월 11일. 일본의 항복 결정에 관한 정보를 듣고 창동으로 복귀함
	8월 15일. 창동 골방에서 일본 항복 소식을 들음
	8월 16일. 서울로 올라와 백관수의 집에 머물며 정치활동을 전개함
	8월 19일. 백관수·원세훈 등과 고려민주당을 창당함
	8월 28일. 고려민주당을 확대하여 조선민족당을 창당함
	9월 4일. 한국민주당 발기인대회에 참가해 개회사를 함
	9월 14일. 조선인민공화국이 선포되어 사법부장으로 발표되었으나 부인함
	9월 21일. 한민당 창당되면서 한민당 중앙감찰위원장으로 선출됨
	10월 5일. 좌우요인회담에 한민당 대표로 참가함
	10월 20일. 연합군환영국민대회 참가함
	12월 30일. 헌법기초위원회를 조직하여 김병로는 위원장, 이인이 부위원장을 맡음
1946	2월 8일. 비상국민회의 헌법·선거법수정위원회 위원장으로 선정됨
	3월 이후. 한민당과 결별함
	6월 27일. 미군정하에 사법부장에 취임함
	12월. 김규식 중심의 민중동맹에 가담함

1947	6월 30일. 법전기초위원회 위원을 겸임함
	9월. 헌법기초분과위원회 분과위원장을 담당함
	12월. 민족자주연맹에 참여함
1948	8월 5일. 대한민국 초대 대법원장에 임명됨
	9월 15일. 법전편찬위원회 위원장 및 법률안 심의위원으로 임명됨 (대법원장 겸임)
	12월 4일. 국회 본회의 표결로 반민족행위 특별재판부 부장에 선정됨(대법원장 겸임)
1949	1월 13일. 박흥식의 체포 및 조사와 관련하여 반민족행위자 조사 범위와 민의에 따라 처벌하겠다는 담화를 발표함
	2월 17일. 반민특위 활동을 방해하려는 이승만 대통령의 2·15담화에 대해 비판적 해석을 담은 담화를 발표함
	3월 3일. 형법 총칙부분 담당 양원일 위원의 사망으로 형법 총칙 초안을 직접 담당함
	6월 7일. 반민특위의 본부를 습격한 6·6경찰 쿠데타사건에 대해 정치적 책임을 묻고 불법행위에 대한 법적 심판을 진행하겠다는 기자회견을 개최함
1950	2월 20일. 1949년 가을부터 진행된 왼쪽 다리 마비 증세가 악화되어 절단 수술을 받음
	6월 27일. 대법원장으로서 서울 피난, 가족들은 각자 피난함
	10월 8일. 부인 정씨가 전남 담양에서 피신 중 무장공비에게 살해당함
1951	4월 13일. 정부 형법안 국회에 제출함
	8월. 헌법위원회 위원으로 선정됨(대법원장 겸임)
1952	9월 9일. 헌법위원회 위원장 대리로서 농지개혁법, 비상사태하의 범죄처벌에 관한 특별최령에 대해 대법원의 심판을 받을 기본권을 확

인하며 위헌결정함(최초의 위헌결정)

1953	9월 18일. 형법을 공포함
1954	9월 23일. 형사소송법을 공포함
	11월 30일. 4사5입의 논리로 통과한 헌법개정안에 대해 비판적 의견을 제시함
1955	5월 5일. 고려대학교에서 명예법학박사 학위를 수여함
1956	2월 21일. 국회와 사법부의 권한을 축소하는 의미를 담은 이승만 대통령의 2·20메시지에 대해 사법부 및 재판관의 독립과 권력분립을 강조하는 의견을 언급함
1957	12월 15일. 대법원장에서 정년퇴임함
	12월 18일. 국회 민의원 본회에서 퇴임인사를 함
1958	2월 22일 민법이 공포됨
	3월 13일 대한변호사협회가 주최한 대법원장임명제청권 삭제 개정 법률안 반대 전국변호사대회에 참가하여 개정안에 대한 반대의견을 발표함
1960	2월 7일. 민권수호국민총연맹의 공명선거추진위원회 재발족에 고문으로 참여함
	4월 20일. 재야 정치지도자 13인과 함께 자택에서 3·15부정선거 관련 학생시위 사건에 관한 수습 방안을 결의, 정부에 전달함
	4월 23일. 당일 대통령 특별담화에 대응하여 재야인사 68인과 함께 자택에서 시국수습임시협의회를 구성하고 정·부통령 하야와 재선거를 내용으로 하는 성명서를 결의함
	5월 6일. 국민각계비상대책위원회의 일원으로 항일 및 반독재의 목표하에 과도정부가 운영되어야 한다는 성명서를 결의하고 발표함
	6월 18일. 자유법조단 설립 및 대표로 선출됨

7월 29일. 고향인 전북 순창에서 무소속 민의원 후보로 출마했으나 낙선함

1963   1월 3일. 윤보선·이인 등과 자택에서 4자 회담을 진행하고 범야 단일정당인 민정당 설립을 결의

1월 11일. 12인의 확대회의를 자택에서 진행하고 단일야당 결성의 원칙을 확인한 뒤 창당 준비와 실무자회의 구성 문제를 협의함

1월 17일. 단일정당운동의 구체화 단계에서 여러 가지 대립이 나타나 단일야당 형성 1차 좌절함

1월 27일. 민정당 창당 준비 발기인 대회 개최 및 임시의장으로 선출, 창당발기취지문 작성 및 대정부요구사항 긴급동의 채택함

2월 20일. 재야지도자 회담을 자택에서 진행하여 민정이양 후 거국내각 구성과 2·18시국 수습 방안에 대한 대응 방안을 논의함

3월 22일. 박정희 의장의 3월 16일 군정연장선언에 반대하는 '민주구국선언'에 서명함

4월 15일. 10인의 정치지도자와 함께 3·16 및 4·8성명을 철회하고 2·27선서준수를 촉구하는 대정부성명을 발표함

5월 14일. 민정당 창당대회를 개최하여 대표최고위원으로 추대됨

6월 2일. 재야 12인 정치지도자들이 자택에서 모여, 야당 대통합과 박 의장의 출마 저지를 위해 부정사건을 규명하기 위한 투쟁을 진행하는 데 의견 일치함

7월 9일. 야당 대통합을 위한 '야당통합호소 성명'을 발표함

7월 18일. 민정·신우·민우 3당 영수가 자택에서 모여 '무조건 합당' 공동성명을 발표함

8월 1일. '국민의당'으로 당명을 정하고 창당준비위원회 결성대회를 개최, 수석대표위원으로 추대됨

	8월 30일. 대통령 후보 가능성의 여론에 대해 불출마 성명을 발표함
	9월 4일. 허정·이범석·윤보선과 함께 자택에서 대통령 후보에 관한 입장 정리를 위해 '4자회담'을 개최했으나 합의 불발함
	9월 5일. '국민의당' 창당을 선언하고 최고위원에 선출됨
	9월 12일. 민정당 대표최고위원 탈당 후 국민의당 대표최고의원에 등록함
1963	건국훈장 독립장이 수여됨
1964	1월 13일. 서울 자택에서 지병인 간장염이 악화되어 별세함
	1월 19일. 사회장으로 장례식을 치름, 서울 수유리 애국선열묘역에 안장됨

자료

- 『매일신보』, 『동아일보』, 『조선일보』, 『조선중앙일보』, 『경향신문』, 『삼천
  리』, 『동광』, 『혜성』, 『별건곤』, 『반도시론』, 『법학계』, 『사상계』, 『조선총독
  부관보』, 『조선총독부통계연보』
- 한인섭, 『항일민족변론자료집』(전 4권), 관악사, 2012.

단행본

- 고재호, 『법조반백년 – 고재호회고록』, 박영사, 1985.
- 김갑수, 『법창삼십년』, 법정출판사, 1970.
- 김진배, 『가인 김병로』, 삼화인쇄주식회사, 1983.
- 김병화, 『한국사법사 – 근세편 – 』, 일조각, 1982.
- 김학준, 『가인 김병로평전: 민족주의적 법률가·정치가의 생애』, 민음사,
  1988.
- 대검찰청 편, 『한국검찰사』, 대검찰청, 1996.
- 대한변호사협회, 『대한변협50년사』, 2002.
- _____, 『한국변호사사』, 1979.
- 鈴木敬夫, 『법을 통한 조선식민지 지배에 관한 연구』, 고려대 민족문화연구
  소, 1989.
- 문준영, 『법원과 검찰의 탄생』, 역사비평사, 2010.
- 방순원, 『나의 길 나의 선택 법조 반백년』, 한국사법행정학회, 1994.

- 법원행정처 편, 『법원사』, 1995.
- _____, 『한국법관사』, 육법사, 1981.
- 서울대학교 법과대학동창회, 『서울대학교 법과대학백년사(1895~1995)』, 2004.
- 서울지방변호사회, 『서울지방변호사회 100년사』, 서울지방변호사회, 2009.
- 유민홍진기간행위원회, 『유민홍진기전기』, 중앙일보사, 1993.
- 이승일, 『조선총독부 법제 정책』, 역사비평사, 2008.
- 이인, 『반세기의 증언』, 명지대학교출판부, 1974.
- 장덕조, 『일곱장의 편지』, 우주, 1981.
- 전병무, 『조선총독부 조선인 사법관』, 역사공간, 2012.
- 정긍식, 『한국근대법사고』, 박영사, 2002.
- 최종고, 『한국의 법률가』, 서울대학교출판부, 2007.
- 한인섭, 『식민지 법정에서 독립을 변론하다: 허헌·김병로·이인과 항일 재판 투쟁』, 경인문화사, 2012.
- 한인섭, 『가인 김병로』, 박영사, 2017.
- 허근욱, 『민족변호사 허헌』, 지혜네, 2001.
- 森正, 『布施辰治評傳』, 日本經濟評論社, 2014.
- 明治大學史資料センター 篇, 『明治大學小史』, 學文社, 2011.

논문

- 김수용, 「해방 후 헌법논의와 1948년 헌법제정에 관한 연구」, 서울대학교 박사학위논문, 2007.
- 김재형, 「민법의 기초자 가인 김병로」, 『가인 김병로 서세 50주기 학술심포지엄: 가인 김병로와 21세기 사법부』, 법원행정처, 2014.
- 김중배, 「뒤늦게 연 서장 – 가인 김병로」, 『사법행정』 25(2), 한국사법행정학

회, 1984.

• 송기춘, 「사법권의 독립과 가인 김병로」, 『법학연구』 25, 전북대학교 법학연구소, 2007.

• 신동운, 「가인 김병로 선생과 법전편찬」, 『법학연구』 25, 전북대학교 법학연구소, 2007.

• _____, 「가인 김병로 선생의 범죄론체계와 한국형법의 총칙규정」, 『서울대학교 법학』 49(1), 2008.

• _____, 「가인 김병로 선생과 형법 및 형사소송법의 편찬」, 『가인 김병로 서세 50주기 학술심포지엄: 가인 김병로와 21세기 사법부』, 법원행정처, 2014.

• 조상희, 「사법행정가로서의 초대 대법원장 김병로」, 『일감법학』 27, 건국대학교 법학연구소, 2014.

• 오수열, 「가인 김병로의 생애와 法治報國에 관한 연구」, 『서석사회과학논총』 4(1), 조선대 사회과학연구원, 2011.

• 전병무, 「일제하 김병로의 경력과 활동에 관한 재론」, 『법사학연구』 51, 한국법사학회, 2018.

• 정긍식, 「사법부 독립의 초석, 가인 김병로」, 『한국 사법을 지킨 양심: 김병로·최대교·김홍섭』, 일조각, 2015.

• 최종고, 「김병로, 대한민국 사법부의 아버지」, 『한국사시민강좌』 43, 2008.

• 한인섭, 「형법 제정에서 김병로의 기여」, 『서울대학교 법학』 55(4), 2014.

• _____, 「독립운동가 가인」, 『가인 김병로 서세 50주기 학술심포지엄: 가인 김병로와 21세기 사법부』, 법원행정처, 2014.

• _____, 「1930년대 김병로의 항일변론의 전개」, 『법사학연구』 58, 한국법사학회, 2015.

• _____, 「법학교육자 김병로 – 경성전수학교 및 보성전문에서 법학강의를 중심으로」, 『고려법학』 77, 고려대 법학연구원, 2015.

- 한인섭, 「제1공화국에서 대법원장 임명을 둘러싼 갈등과 그 함의」, 『법과 사회』 48, 법과사회이론학회, 2015.
- _____, 「헌법수호자로서의 김병로」, 『서울대학교 법학』 56(2), 2015.
- _____, 「반민족행위자의 처벌과 김병로」, 『서울대학교 법학』 57(2), 2016.
- _____, 「반군정 야권통합의 최전선에 선 김병로」, 『법과 사회』 52, 법과사회이론학회, 2016.
- _____, 「형사소송법 제정과정과 김병로」, 『법학연구』 28(2), 충남대학교 법학연구소, 2017.

ㄴ

항일변호사의 선봉 김병로

1판 1쇄 인쇄 2018년 12월 13일
1판 1쇄 발행 2018년 12월 24일

글쓴이　전병무
기　획　독립기념관 한국독립운동사연구소
펴낸이　이준식
펴낸곳　역사공간
　　　　주소: 03996 서울시 마포구 월드컵로100 한산빌딩 4층
　　　　전화: 02-725-8806
　　　　팩스: 02-725-8801
　　　　E-mail: jhs8807@hanmail.net
　　　　등록: 2003년 7월 22일 제6-510호

ISBN 979-11-5707-174-6　03900

• 잘못된 책은 바꿔 드립니다.
• 이 도서의 국립중앙도서관 출판예정도서목록(CIP)은 서지정보유통지원시스템 홈페이지
(http://seoji.nl.go.kr)와 국가자료공동목록시스템(http://www.nl.go.kr/kolisnet)에서
이용하실 수 있습니다.(CIP제어번호: CIP2018039911)

역사공간이 펴내는 '한국의 독립운동가들'

독립기념관은 독립운동사 대중화를 위해 향후 10년간 100명의 독립운동가를 선정하여,
그들의 삶과 자취를 조명하는 열전을 기획하고 있다.